Beck'sche Reihe
BsR 353

Präzise, zugleich temperamentvoll und witzig, schildert die Autorin das Innenleben einer Anwaltskanzlei, ihre persönlichen Beziehungen zu den smarten und arroganten „Rechthabern“, die ihre Chefs sind, ihre Niederlagen, Verletzungen und ihre Hilflosigkeit, aber auch ihren Widerstand gegen Anpassung, Zynismus und maskenhaftes Rollenverhalten. Ein ebenso persönlicher wie provozierender Bericht über die menschliche und berufliche Selbstbehauptung einer Frau inmitten einer Welt von „Gerechtigkeit und Härte“.

Katharina Zara ist das Pseudonym einer promovierten Juristin, die heute mit eigener Kanzlei in Wien selbständig ist.

KATHARINA ZARA

Die Rechthaber

Aus der Männerwelt
einer Anwaltskanzlei

VERLAG C.H.BECK MÜNCHEN

Markus Zara, Sohn der Autorin,
hat die Tonbandaufzeichnungen seiner Mutter
aufgeschrieben und geordnet.

CIP-Kurztitelaufnahme der Deutschen Bibliothek

Zara, Katharina:
Die Rechthaber : aus d. Männerwelt e. Anwaltskanzlei /
Katharina Zara. – München : Beck, 1988
(Beck'sche Reihe ; 353)
ISBN 3 406 32973 X
NE: GT

ISBN 3 406 32973 X

Umschlagentwurf von Uwe Göbel, München

Gesamtherstellung: C. H. Beck'sche Buchdruckerei, Nördlingen
Printed in Germany

1

Angefangen hat es damit, daß Franz mich gefragt hat, warum ich mich eigentlich nicht bei dem Kant bewerbe. „Der Kant, der hat etwas los, der ist eine Kapazität." Ich lachte. Mir kam das wie ein Witz vor. Der Kant, der wird mich nehmen! Aber Franz meinte, ich solle es doch versuchen. Die Frage war nur wie. Wenn ich dort anrufe, dann fragt mich die Sekretärin, um welche Angelegenheit es geht, und dann ist es schon aus. Wenn ich einfach so hinkomme, dann werde ich gar nicht vorgelassen. Ich müßte ihn also irgendwo erwischen! Aber wo? Ich kann ihm doch nicht vor dem Haus auflauern. Da kam eine günstige Gelegenheit. Ein Mietrechtseminar stand bevor. Dort wird er sicher sein. Ich wußte allerdings nicht, wie er aussieht, kannte nur seine Veröffentlichungen. Ich ging also zu dem Seminar und ließ ihn mir von jemandem zeigen. Ich wunderte mich nicht mehr, daß ich ihn bisher übersehen hatte. Er war einfach nur zum Übersehen. Es war alles an ihm unauffällig. Er war aschblond, mittelgroß, schlank, fast knöchern. Er trug einen billigen Konfektionsanzug, ein billiges Konfektionshemd und eine billige, geschmacklose Krawatte. Die Krawatte war auch das einzig Auffallende an ihm: auf giftgrünem Untergrund gelbe, versetzte Dreiecke. Da er sie, wie ich später feststellte, immer trug, fiel sie dann auch nicht mehr auf. Ich schätzte ihn auf 45 bis 50 Jahre. Er saß da, nach vorne geneigt, schrieb eifrig mit, die Beine auseinandergespreizt, die Füße unter dem Sessel, die Hosenbeine waren ihm hinaufgerutscht und die Socken hingen ihm lokker hinunter. Also kein Schickeria-Anwalt mit maßgeschneidertem Anzug, passenden Socken und Hemd Ton in Ton. Ich ließ ihn nicht aus den Augen. Plötzlich stand er auf und verließ den Raum. Ich ging ihm nach. Er holte sich seinen Mantel. Ich dachte mir, jetzt oder nie! Ich hatte Herzklopfen. Er wird sagen: „Was fällt Ihnen ein, mich einfach hier anzusprechen!" Ich werde dann einen roten Kopf bekommen, eine Entschuldigung murmeln und mir recht dumm vorkommen. Versuchen muß ich es. Bei der Stiege holte ich ihn ein, ging mit ihm auf selber Höhe und sagte dann in beiläufigem Ton: „Sie sind doch Dr. Kant?" Er sah sehr freundlich zu mir herüber und lachte. Ich sagte: „Mein Name ist Zara, Katharina Zara, ich habe mich über die verschiedenen Kanzleien erkundigt. Dabei habe ich erfahren, daß Ihre Kanzlei die beste ist. Ich glaube, daß dies das Richtige für mich wäre. Ich würde mich gerne bei Ihnen als Konzipientin bewerben." Er sagte: „Können Sie Fremdsprachen?" Ich jubilierte innerlich! Diese Frage hatte mir der liebe Gott geschickt. Ich sagte sehr lässig: „Ja, Französisch, Englisch, Italienisch und ein wenig Spanisch." Die Stille, die darauf folgte, war ein Genuß. Dann sagte Kant, daß er jetzt jedenfalls niemanden brauche, aber daß er gegebenenfalls auf mein Angebot zurückkommen werde. Er ging zum Fensterbrett, holte Zettel und Bleistift heraus und notierte Name und Adresse von mir. Dann verabschiedete er sich.

Noch am selben Tag schickte ich an Kant ein schriftliches Bewerbungsschreiben mit Lebenslauf ab. Nun würde dieses Schreiben nicht in den Papierkorb wandern, sondern er würde es zumindest lesen. Nach einer Woche, als ich gerade vom Einkaufen nach Hause kam, sagte mir Markus, daß Kant angerufen hatte. Ich war platt. Ich ließ alles fallen, die Einkaufstaschen, die Schlüssel und was ich sonst noch in der Hand hatte, ging auf Markus zu, schüttelte ihn und sagte: „Was hat er gesagt, was hat er gesagt?" Markus, der immer, wenn er etwas schnell sagen sollte, zu stottern anfing und mit viel äh, mh, ah und nh sprach, spuckte endlich aus, daß er wieder anrufen wird. Das halte ich nicht aus! Es ist halb sechs. Vielleicht kann ich ihn noch erreichen? Ich bin ganz verrückt! Zunächst renne ich wie eine Wahnsinnige in der Wohnung herum, suche Judith und schreie: „Kant hat angerufen, Kant hat angerufen!" Judith murmelte nur: „Reg dich doch nicht auf, vielleicht sagt er dir nur, daß du ihm keine Briefe mehr schreiben sollst." Ich erreiche ihn in seiner Kanzlei. Ohne irgendwelche Begrüßungsfloskeln sagt er nur: „Können Sie am Mittwoch um sechs kommen?" Ich antworte: „Ja, gut, Mittwoch um sechs." Er sagt noch, daß ich meine Universitätszeugnisse mitbringen solle und dann sagen wir beide „Auf Wiedersehen". Das ist eine Sprache, die mir gefällt. Die Sache läßt sich für mich gut an. Meine Zeugnisse sind wirklich vorzeigbar. Ich renne wie verrückt in der Wohnung herum und rufe immerzu: „Ich darf hinkommen, ich darf hinkommen, ich darf hinkommen."

Am Mittwoch ging ich also hin. Ich war ziemlich aufgeregt und war viel zu früh dort. In der Nacht vorher hatte ich geträumt, daß ich die Straße nicht gefunden habe. Ich habe gesucht und gesucht, und endlich sah ich einen Ruinenhaufen, einen riesigen Berg von alten Steinen, und auf der Spitze war ein Balkon, der noch ganz intakt war, und auf dem Balkon stand Kant wie Kaiser Nero und winkte. Ich hatte Angst, daß ich tatsächlich das Haus nicht finden würde. Also war ich eine Viertelstunde zu früh dort. Ich ging draußen auf und ab, und zwar hinter der nächsten Ecke. Um sechs ging ich dann hinein. Kant begrüßte mich und bat mich, im Vorraum Platz zu nehmen. Die Sekretärinnen waren anscheinend nicht mehr da. Die Tapeten hatten ein großes, auffallendes Muster. Ich mußte gleich an seine Krawatte denken. Da war noch ein ziemlich abgewetzter Teppichboden und darauf stand eine Sitzgarnitur aus Plastik. Auffallend war ein Spiegel mit einem knallroten Keramikrahmen – wohl aus einem Souvenirgeschäft. Kant hatte die Kanzlei nicht allein. Es waren noch zwei Partner da. Die Namensschilder an der Tür waren untereinander angeordnet. Oben stand Dr. Willibald Kant, darunter Dr. Walter Vogelweider und wieder darunter Dr. Nikolaus Schöner. Von den beiden anderen hatte ich vorher nie etwas gelesen oder gehört. Ich wußte nur, daß noch zwei andere da waren.

Ich saß da und blätterte in einer Zeitung. Zum Lesen war ich viel zu aufgeregt. Jetzt kam ein Mann aus einer Tür. Er ging ernst und feierlich auf mich zu und sagte seinen Namen: „Vogelweider". Mir war, als wollte er mir die Hand küssen. Ich war das nicht gewohnt und gab ihm einen festen Händedruck, so daß er meine Hand nicht richtig hochbekam. Dann hätte ich ihm fast einen Kinnhaken gegeben. Auch er war keiner von der Erfolgsgeneration! Eher wirkte er wie ein versponnener Wissenschaftler. Leicht nach vorne geneigt bewegte er sich langsam, sprach langsam mit Vorarlberger Akzent und suchte dabei immer ein bißchen nach dem genau richtigen Wort. Nach jedem zweiten Satz sagte er: „Oder?" Er wirkte gutmütig und sanft. Er hatte warme, braune Augen und grau melierte, dunkle Haare. Erst später wurde mir klar, daß seine gebückte Haltung ein Ausdruck seines Wesens war. Er war geknickt. Er war sechsunddreißig Jahre alt, wie ich später erfuhr.

Vogelweider bat mich in ein Zimmer. Wir setzten uns hin. Kant setzte sich dazu. Kant saß links von mir, Vogelweider rechts von mir. Beide trugen eine ernste Miene zur Schau. Ich fühlte mich nicht besonders behaglich. Kant sagte, daß sein zweiter Partner, Herr Dr. Schöner, leider nicht da sei. Dann bat er mich, meine Zeugnisse vorzulegen. Seine Augen waren hellblau und kalt wie Eis. Er setzte sich seine Brille auf und schaute die Zeugnisse ganz genau an. Dann schüttelte er den Kopf und sagte: „Verfassungsrecht, Frau Kollegin, ist sehr wichtig." Ich hatte in Verfassungsrecht in der Staatsprüfung nur ein „Gut", während ich in den restlichen Fächern „Sehr Gut" hatte. Ich wußte nicht, was ich sagen sollte. Kant fuhr fort: „Viele Juristen glauben, daß man Verfassungsrecht links liegen lassen kann. Wer kann denn heute noch eine ordentliche Verfassungsgerichtshofbeschwerde machen? Eine Beschwerde an die Menschenrechtskommission? Das Niveau der Juristen heutzutage ist erschütternd. Verfassungsrecht ist sehr wichtig, Frau Kollegin!" Dabei sah er mich an. Ich bekam ein richtig schlechtes Gewissen. Fast hatte ich das Gefühl, als würde mir Schamröte ins Gesicht steigen. Wie konnte ich mich hierher wagen mit einem „Gut" in Verfassungsrecht. Ein „Gut"! Kant schaute mich wieder an und schüttelte den Kopf: „Verfassungsrecht muß man können, Frau Kollegin!" Ich schaute ein wenig hilfesuchend zu Vogelweider hin. Der senkte mit sorgenvoller Miene den Blick auf die Tischplatte. Ich sagte erklärend zu Vogelweider: „Ich habe nämlich nur ein ‚Gut' in Verfassungsrecht." Ich wollte damit eigentlich einen Scherz machen, aber Herr Vogelweider lachte nicht, sondern schaute nur noch bekümmerter vor sich hin. Im weiteren Verlauf des Gesprächs versuchte ich noch des öfteren ein Scherzchen zu machen, um die, wie mir schien, angespannte Stimmung aufzulockern. Meine Scherzchen kamen aber nicht an. Später lernte ich, daß man Scherzchen nur am Wirtshaustisch machen durfte oder beim Betriebsausflug, dann aber ordentlich. Kant fragte mich noch, bei welchen Richtern ich Gerichtspraxis gemacht habe und meinte, daß nur zwei Richter gut wären und alle anderen Idioten seien. Jetzt lachte Vogelweider. Dann zählte Kant noch auf, was wichtig sei für einen Juristen und was nicht und was man als Jurist können muß. Ich fühlte mich beklommen. Ich konnte immer nur nicken und ,,Ja" sagen und wußte nicht, was ich sonst sagen sollte. Zuletzt meinte Kant: ,,Bei uns herrscht eine strenge Hierarchie. Sie sind achtunddreißig Jahre alt. Sie haben schon in anderen Berufen gearbeitet, ich fürchte, daß Sie sich nicht unterordnen können." Ich sprudelte förmlich heraus: ,,Oh, doch doch, das kann ich, das kann ich, wenn ich will." Er hätte alles von mir haben können. Wenn er gesagt hätte, ich müsse ihn jeden Tag in einer Sänfte zu Gericht tragen, so hätte ich auch gesagt: ,,Ja gerne, natürlich, nichts lieber." Ich wollte Arbeit bekommen.

Dann zeigte mir Vogelweider noch die Kanzlei. Im Souterrain waren die Zimmer der Konzipienten. Es gab noch einen, das war Dr. Brunnhuber. Brunnhuber kannte ich flüchtig von der Uni. Das zweite Zimmer im Souterrain sollte ich bekommen. Zimmer? Es war eher ein Kellerabteil. Als Vogelweider es mir zeigte, entschuldigte er sich für die ,,Beschaffenheit des Raumes", aber ich sagte gleich, daß mir das überhaupt nichts ausmache, daß mir das völlig gleichgültig sei und daß der Raum ohnehin tadellos sei. Vogelweider erklärte mir, daß die Konzipienten hier unten arbeiten würden und daß sie einmal in der Woche zur Kanzleibesprechung hinauf in die Bibliothek kommen und dann dort gemeinsam die Akten durchbesprochen würden. Ich fragte ihn, ob die Konzipienten denn sonst gar keine ,,Ansprache" hätten, und er sagte, daß sie das nur untereinander hätten. Das war also die Hierarchie. Unten die Konzipienten und oben die Chefs und Sekretärinnen. ,,Ansprache" nur untereinander. Einmal in der Woche Kanzleibesprechungen. Von diesen Kanzleibesprechungen habe ich schon gehört. Ein Kollege, Johannes, hatte mir davon erzählt. Er war vor einigen Jahren Konzipient in dieser Kanzlei gewesen. Er hatte immer schon Tage vorher Angst vor diesen Kanzleibesprechungen. Kant sagte ihm bei der Gelegenheit immer, wie unfähig er sei und daß er sich einen anderen Beruf suchen solle. Jedesmal, wenn ich Johannes traf, erzählte er es mir wieder. Die Kanzleibesprechungen waren mir also schon bekannt. Einmal in der Woche durften die Konzipienten hinauf kommen, „zur Ausbildung", wie Vogelweider es nannte.

Kant verabschiedete sich und sagte, daß ich von ihm hören werde. Ich war also draußen. Ich ging nach Hause und rechnete mir meine Chancen aus.

Ich kam nach Hause und alle waren da. Sie bestürmten mich: „Erzähl', was war los? Wie ist er? Was sagt er? Hast du den Posten?" Ich versuchte, das Gespräch wiederzugeben. Judith rief: „Mutti, geh' nicht dort hin! Du wirst dort sehr unglücklich sein." Markus schaute mich sehr mitleidig an. Ich hatte das Gefühl, er dachte sich nur: „Die arme Mutti."

Eigentlich habe ich nicht damit gerechnet, von Kant wieder etwas zu hören. Einige Tage später ruft er mich an und sagt mir kurz und bündig: „Wir stellen Sie ein!" Ich bin ganz wahnsinnig vor Freude.

2

Am ersten Juli war mein erster Arbeitstag. Ich komme also um acht Uhr hin. Da sind die Chefs aber noch nicht da. Die Sekretärinnen stehen in der Küche und trinken Kaffee. Sie laden mich auch zu einem Kaffee ein. Ich habe kein gutes Gefühl, denn eigentlich soll ich ja hier arbeiten. Aber nachdem noch keiner da ist, der mir sagt, was ich tun soll, trinke ich also Kaffee. Es gibt drei Sekretärinnen. Sie sind nett und freundlich und werden beim Vornamen genannt: Frau Liesl, Frau Hanni, Frau Lotte. Sie stellen sich mit ihrem Vornamen vor. Ich denke, ich kann doch jetzt nicht „Frau Katharina" sagen, also sage ich gar nichts.

Dann kommt Kant und bittet mich in sein Zimmer. Er sagt mir, ich soll zuschauen, wie er die Post erledigt. Ich schaue zu, aber ich bekomme nichts von dem mit, was er tut. Er diktiert da und dort Antwortschreiben, Aktenvermerke etc. Mir ist alles so neu und es geht viel zu schnell, als daß ich mir etwas merken könnte. Vogelweider bittet mich in die Bibliothek, um mich in meine Arbeit einzuweisen. Da kommt Dr. Schöner, der dritte. Dieser platzt geradezu vor Vitalität. Das ist einer von der Erfolgsgeneration! Einer von den Dynamischen. Braungebrannt, fesch, charmant. Das ist anscheinend der Keiler unter den dreien. Der zieht die Klienten an Land. Er trägt einen Anzug in Pepita, dazu ein dunkelrotes Stecktuch aus Seide. Er hat eine athletische Figur, geht kerzengerade und streckt die Brust heraus. Mister World in Haute Couture. Wie ich später erfuhr, war er einmal Spitzensportler gewesen, Eishockeyspieler. Schöner streckt mir die Hand entgegen und sagt charmant: „Ich freue mich, Sie kennenzulernen." Er gefällt mir.

Die beiden setzen sich in der Bibliothek mit mir an den Tisch und erklären mir die Arbeitsabwicklung in der Kanzlei. Wie die Informationsblätter geführt werden und so weiter. Wieder geht alles sehr schnell, so daß ich nicht viel mitbekomme. Ich erfahre nur, daß in jedem Akt ein Informationsblatt liegt, in dem alle wesentlichen Dinge über eine „causa" festgehalten werden müssen. Einige andere Dinge über die Aktenbearbeitung bekomme ich auch mit. Dann zeigt man mir das Fristenbuch, welches im Sekretariat liegt und wo alle Fristen und Termine eingetragen werden. Schließlich bekomme ich einen Stoß Akten, mit diesem soll ich mich in mein Zimmer zurückziehen. Das tue ich auch. Zunächst begutachte ich mein Diktaphon. Ich habe noch nie mit einem Diktaphon gearbeitet und probiere es aus. Danach sehe ich die Akten durch. Es ist ein Stoß von etwa zwanzig Stück. Es sind in der Hauptsache Exekutionssachen. Ich kenne mich überhaupt nicht aus. Ich habe noch nie vorher einen derartigen Akt in der Hand gehabt; ich habe während meiner Gerichtspraxis nie in der Exekutionsabteilung gearbeitet. Ich weiß nur das wenige, das ich auf der Uni gelernt habe. Ich blättere also die Akten durch. Da liegen Schriftsätze, die ich noch nie gesehen habe. Da stehen Dinge, von denen ich nicht einmal weiß, daß es sie gibt. Ich habe keine Ahnung, ich kenne mich nicht aus, weiß nicht, wo ich nachsehen soll. Mir ist zum Weinen. Da sitze ich in meinem Kellerabteil hinter vergittertem Fenster und soll Stroh zu Gold spinnen.

Meine Freundin Nina hat mir gesagt, daß Brunnhuber ein sehr netter Kerl sei; sie kennt ihn besser, sie hat mit ihm studiert. Später habe ich Nina daran erinnert. Sie hat dann gesagt: „Aber ich habe doch gemeint: für einen Juristen." Ich selbst kannte ihn nur flüchtig. Während meiner Gerichtspraxis hatte ich einmal die Gelegenheit, ein paar Worte mit ihm zu reden. Ich war damals gerade einem Untersuchungsrichter als Rechtspraktikantin zugeteilt und mußte Sprechscheine ausgeben. Beim Sprechscheine-Ausgeben sitzt man hinter einem kleinen Tisch im Gang des Gerichtsgebäudes und stellt den Leuten, die die Untersuchungshäftlinge besuchen wollen, Scheine aus, mit denen sie dann das Gefängnis betreten dürfen. Das Sprechscheine-Ausstellen ist langweilig, weil man den ganzen Vormittag da sitzt und immer dasselbe macht, andererseits aber ist es auch ganz lustig, weil immer wieder Leute vorbeigehen, mit denen man einen Plausch halten kann. So kam also auch Brunnhuber vorbei. Da gerade keine Scheine auszufüllen waren, sprach ich ihn an. Ich wollte ihn aushorchen über seine Arbeitssituation in der Kanzlei. Ich sagte: „Hallo Brunnhuber, wie geht's? Wie gefällt es dir dort in der Kanzlei?" Er, offensichtlich überrascht von meiner plötzlichen Leutseligkeit, blieb stehen, holte sich eine Zigarette aus der Tasche, zündete sie à la Humphrey Bogart an und sagte: „So viel Arbeit, so viel Arbeit, es ist ein Wahnsinn, die schwierigsten Sachen bekomme ich, die schwierigsten Sachen, ich kann dir sagen, es ist ein Irrsinn." Dann sagte er noch, daß er jetzt keine Zeit mehr habe für die politische Arbeit. Ich wußte nicht, daß er jemals solche gemacht hatte. Dann fügte er noch hinzu: „Ich bin jetzt eher ein Kapitalist." Ich sah ihn an. Der schäbige Mantel, der billige Anzug, das miese Hemd, die ausgebeulte Hose, er sah mir nicht gerade aus wie ein Kapitalist. Ich fragte ihn, ob er denn so viel verdiene. Er sagte, daß er das nicht so meine und daß das nichts mit dem Verdienen zu tun habe. Dann sagte er: ,,Jaja, das ist halt nicht mehr so wie beim Studium. Wenn du einmal arbeitest, dann ist das eben alles anders." Ich beharrte auf meiner Frage, was er denn damit meine, daß er ein Kapitalist sei. Er sagte: ,,Ich habe das auch nicht so direkt wegen mir gemeint, sondern eher wegen meiner Chefs." Da kam ein Besucher, der einen Sprechschein wollte, und so mußte ich das Gespräch beenden.

Ich hatte das Gefühl, daß Brunnhuber sich jedesmal freute, mir etwas zeigen zu können. Während er mir erklärte, was zu tun war, sagte er immer wieder: ,,Na, du kannst aber nicht besonders viel!" Dabei lehnte er sich in seinem Sessel genüßlich zurück, verschränkte die Arme und sah mich an. Ich sagte mir: ,,Nur überhören, ignorieren." Seine Ausführungen auf meine Fragen begann er immer mit einer von zwei Varianten. Die eine Antwort begann mit: ,,In außenrubrizierter Rechtssache beantrage ich durch meinen ausgewiesenen Vertreter ..." Das war der Beginn, wenn es sich um einen Schriftsatz handelte. Der zweite Beginn war: ,,In vorbezeichneter Angelegenheit teile ich Ihnen mit ..." Das war die Variante zwei, wenn es um einen Brief ging. Wie auf Knopfdruck. Am Anfang sagte ich noch manchmal: ,,Nicht wörtlich, nur sinngemäß. Sag' mir nur sinngemäß, was ich schreiben soll." Er sah mich dann an, war ein paar Sekunden ruhig und spuckte dann wieder wie auf Knopfdruck aus: ,,In vorbezeichneter Angelegenheit teile ich Ihnen mit ..."

Manchmal sagte er auch: ,,Das werde ich dir gleich zeigen, Schätzchen, das wirst du gleich sehen, Schätzchen, in zwei Minuten habe ich das gemacht. Schau nur her, in zwei Minuten habe ich das, das habe ich alles in meinem Kopf."

Sobald ich zu ihm in das Zimmer kam, steckte er schon den Zeigefinger in die Nase. Er steckte ihn dabei so tief hinein, daß sich der Nasenflügel weit nach außen wölbte. Dann drehte er fest herum. Meistens holte er auch etwas heraus, schaute an, was er zu Tage gefördert hatte, steckte die Beute entweder in den Mund oder wuzelte sie zwischen Daumen und Zeigefinger, schnippte sie dann in eine Ecke, worauf er sein Werk von neuem begann. Mir grauste ziemlich vor ihm, aber ich war doch froh, daß ich ihn fragen konnte und daß er mir willig antwortete. Er hatte eine merkwürdige Sprunghaftigkeit in seiner Kommunikation. Oft wartete er Antworten nicht ab oder ich merkte, daß er nicht zuhörte. So sagte er auch des öfteren völlig unvermittelt. „Hast du schon einmal eine Berufung gemacht?" Und ohne meine Antwort abzuwarten, sagte er: „Da wirst du dich anschauen, da wirst du dich anschauen. Denn das ist ja gar nichts, was du jetzt machst, ist ja gar nichts. Das mache ich mit der linken Hand, das, was du jetzt machst. Das mache ich ja mit dem kleinen Finger. Da ist ja überhaupt nichts dabei." Dabei bohrte er immer ganz heftig in der Nase. Er wußte genau, daß ich noch keine Berufung gemacht hatte. Eines Tages sagte ich ihm: „Nein, ich habe noch keine Berufung gemacht, aber wenn ich eine mache, dann schreibe ich nicht so einen Blödsinn wie du."

Später habe ich erfahren, daß Brunnhuber im ersten halben Jahr seiner Konzipientenzeit fast jeden Morgen gekotzt hatte, weil er solche Angst hatte, es den Chefs nicht recht zu machen.

Im Rahmen der Bearbeitung der Exekutionssachen waren auch die sogenannten Interventionen beim Exekutionsvollzug vorgesehen. Ich hatte keine Ahnung, was das war. Ich mußte Brunnhuber auch gar nicht fragen, weil er es mir von selbst mitteilte. Er hatte sich offensichtlich im Terminkalender schon angesehen, wann so ein Vollzug war. „Und übermorgen, da hast du einen Vollzug. Da gehst du in die Reitmeiergasse 5 und dort pfändest du alles. Und ich sage dir gleich: alles pfänden! Alles pfänden! Du gehst auch in das Kinderzimmer, schaust, ob die Kinder Spielzeug haben, Platten, Bücher usw. Alles pfänden!" Ich schaute ihn groß an und fragte: „Spinnst du?" Dann sagte er lachend: „Ja ja, die linken Ideen, die kannst du dir in diesem Beruf sparen. Die kannst du vergessen." Mir fiel unser Gespräch von damals im Gerichtsgebäude wieder ein. Das also war sein Kapitalistendasein. Alles pfänden! Alles pfänden!

Später einmal ist Brunnhuber zu einem Exekutionsvollzug gegangen, weil ich auf Urlaub war. Man geht dabei mit dem Gerichtsvollzieher mit, darf zwar selbst nichts anfassen, muß aber dem Gerichtsvollzieher sagen: „Schauen Sie einmal in diese Schublade hinein und schauen Sie, was in diesem Schrank ist. Gehen Sie doch einmal in den Keller und schauen Sie dort nach." Von Daniela, der Referendarin, habe ich erfahren, wie das war, als Brunnhuber zu dem Exekutionsvollzug ging. Es handelte sich damals um eine Forderung des Bankhauses Dinghofer in der Höhe von einhunderttausend Schilling. Es wurde bei einem alten Mann gepfändet. Der alte Mann hatte fast nichts, nur das Nötigste wie Bett, Tisch und Kasten. Außerdem hatte er noch eine alte Gitarre, welche höchstens hundert Schilling wert war. Tisch, Bett und Kasten durften gemäß Exekutionsordnung nicht gepfändet werden. Also hat Brunnhuber die Gitarre gepfändet. Als ich davon erfuhr und ihn darauf ansprach, sagte er nur: „Die Härte muß man haben!" Die Härte. Dieses Wort hat er offensichtlich von Kant übernommen. Das war ja das Lieblingswort von Kant, aber das erfuhr ich erst später. „Die Härte müssen Sie haben, die Härte müssen Sie lernen, die Härte brauchen Sie." Das waren die Sätze von Kant.

Gleich am zweiten Tag hatte ich eine Verhandlung zu machen. Es war meine erste Verhandlung. Während meiner Gerichtspraxis hatte ich kaum Gelegenheit, mir Verhandlungen anzuhören. Ich saß damals meistens in der Bibliothek und verfaßte Urteile. Was ich über Prozeßführung wußte, wußte ich aus Büchern. Mit klopfendem Herzen ging ich also in den Verhandlungssaal. Es lief alles wie am Schnürchen. Dann, als es schon fast zu Ende war, fragte mich der Richter, ob ich auf Intervention verzichte. Ich hatte keine Ahnung, was das bedeutet. Ich hatte das noch nie gehört. Auf Intervention verzichten? Auf Intervention wobei? Ich kann doch jetzt nicht sagen: „Was ist das?" Das war sicher etwas ganz Gängiges, weil der Richter es so selbstverständlich, so routinemäßig zu mir herüber sagte. Was soll ich jetzt machen? Ich tue so, als würde ich überlegen, ob ich auf Intervention verzichte oder nicht. Ich denke dann, daß Verzichten wohl eher etwas Ungünstiges ist. Ich werde lieber auf nichts verzichten! Also sage ich ganz kühl: „Nein." Der Richter fand das anscheinend auch ganz selbstverständlich und protokollierte: „Klageseite verzichtet nicht auf Intervention."

Die Verhandlung wurde dann vertagt. Ich ging hinaus auf den Gang, und der Schriftführer, ein Studienkollege, kam zu mir. Ich zog ihn in eine Ecke und fragte: ,,He du, was heißt denn Intervention?" Er sagte, das heißt, daß bei der Vernehmung im Rechtshilfeweg ein Anwalt dabei ist. Ich fragte ihn noch, ob es üblich ist, daß man interveniert und er sagte: ,,Ja, das ist üblich." Na Gott sei Dank, dachte ich mir.

Als ich in die Kanzlei kam, wollte ich gleich Brunnhuber davon erzählen. Ich mußte jemandem von meiner ersten Verhandlung erzählen. Auf dem Weg zu Brunnhubers Zimmer kam mir Kant, von den oberen Gemächern kommend, entgegen und sah mich auf das Zimmer von Brunnhuber zusteuern. In schroffem Ton fragte er mich: ,,Was wollen Sie dort?" Ich wußte nicht recht, was ich sagen sollte, weil er ja ohnehin sah, daß ich auf das Zimmer von Brunnhuber zuging. Schließlich sagte ich: ,,Ich gehe zum Kollegen Brunnhuber." ,,Und was machen Sie dort?" – ,,Ich will ihm etwas erzählen."

Damals war mir noch nicht klar, wie naiv meine Antwort war. Ich war noch so einfältig, daß ich glaubte, es wäre erlaubt, jemandem einfach etwas zu erzählen. Auf meine Antwort wurde Kants Gesicht steinhart. ,,Frau Kollegin, das geht nicht. Sie können nicht in das Zimmer Ihres Kollegen gehen, nur um ihm etwas zu erzählen." Dann ging er. Verdattert stand ich da.

3

Am nächsten Tag sollte die berüchtigte, gefürchtete und für mich erste Kanzleibesprechung stattfinden. Um fünf Uhr in der Bibliothek. Ich sitze als erste dort und warte. Brunnhuber kommt. Er kommt schon mit dem ,,wichtigen Gesicht" herein. Als er sich setzt, bemerke ich seine Nervosität. Noch sind wir beide allein. Fahrig blättert er in den Akten, bohrt zwischendurch in der Nase. Er schlägt die Akten immer wieder auf und zu. Den Blick auf den Stoß Akten vor sich richtend murmelt er: ,,Es ist so viel zu tun ... Es ist ein Wahnsinn ..." Als nächster kommt Schöner. Mit sonoriger Stimme begrüßt er uns und läßt seine neunzig Kilo in den Sessel sinken. Ungeduldig blickt er auf die Uhr. Es ist bereits drei Minuten nach fünf. Jetzt kommt Vogelweider. Wie immer etwas gebückt, mit sorgenvollem Gesicht, langsam den Stuhl zurechtrückend. Dann rauscht Kant herein, sehr geschäftig. Plötzlich bleibt sein Blick an irgend etwas ihm gegenüber hängen. Er sagt: Ich möchte doch wissen, wie das Handelsrecht neben das Familienrecht kommt." Offensichtlich ist das Buch falsch eingeordnet. Ich drehe mich um und sehe nach. Tatsächlich, da steht das Handelsrecht neben dem Familienrecht. Kant fährt fort: „Es ist in dieser Kanzlei einfach nicht möglich, Ordnung zu halten. Es ist immer wieder dasselbe. Wer ordnet die Bücher immer wieder falsch ein? So kann man nicht arbeiten." Da sagt Brunnhuber, der neben ihm sitzt: „Herr Doktor, ich war es nicht. Bitte, glauben Sie mir, ich war es nicht, ich habe das Handelsrecht nicht benützt." Bei „Herr Doktor" macht er eine kleine Verbeugung. Kant ignoriert ihn und spricht weiter: „Es ist in dieser Kanzlei keine Ordnung zu halten. Vor kurzem habe ich das Urheberrecht beim Verwaltungsrecht gefunden. Wie soll man da arbeiten?" Er setzt seine Brille auf und läßt seinen Blick über die Bücherreihen schweifen. Anscheinend gibt es keinen weiteren Grund für Ärgernis. Er beginnt die Kanzleibesprechung: „Also fangen wir an. Wer hat etwas für mich?" Fragend schaut er auf Brunnhuber. Dieser beginnt zu sprechen. Aus einer Arbeiterfamilie stammend ist Hochdeutsch für ihn eine Fremdsprache: „Herr Doktor, ich hätte da einen Fall, es geht dabei um folgende Angelegenheit." Seine Hände spielen nervös mit den Akten, er macht kleine Verbeugungen: „Wir vertreten da einen Bauern, welcher Hundehalter ist. Die Hunde, welche nicht ordnungsgemäß verwahrt wurden, ... liefen über eine Schipiste. Die Hunde unseres Mandanten bellten und versetzten einen Schiläufer in Angst, ... der Schiläufer, welcher gerade einen längeren Hang überquerte, kam daher ... zu Sturz. Der Schiläufer stürzte unglücklich und brach ... sich ein Bein. Der Schiläufer ..., welcher zu Sturz gekommen war ..., erlitt in der Folge ... weitere Schäden, nämlich, es traten Folgeschäden auf durch die Behandlung, welche der Schiläufer im Krankenhaus erfahren hatte ..., nämlich es trat in der Folge eine Lähmung ein. Dieser Unfall wurde durch die Hunde verschuldet, beziehungsweise wurde dieser Unfall ... durch unseren Mandanten verschuldet, da dieser als Hundehalter die Hunde nicht ordentlich verwahrte."

Ich sitze ihm schräg gegenüber und beobachte ihn. Er bemüht sich sehr, die richtigen Worte herauszubringen. Mir fällt auf, daß auch ich unbewußt meinen Oberkörper vor und zurück bewege, als wollte ich helfen, Brunnhubers Sätze anzuschieben, um seine Ausführungen zu beschleunigen. Kant blickt in die Runde. Er wirkt ungeduldig. Schließlich unterbricht er Brunnhuber: ,,Welche Hunderasse?" Brunnhuber zuckt leicht. Einen Moment ist Stille. Dann antwortet Brunnhuber: ,,Herr Doktor, die Hunderasse ... Herr Doktor, es war meines Wissens nach ... Herr Doktor, keine Rasse ... derzeit ... meine Informationen ... es war ..." Schweißperlen treten auf seine Stirn. Kant: ,,Haben Sie es überprüft?" Brunnhuber: ,,Nein, Herr Doktor ..." Kant: ,,Sie haben es nicht überprüft?! Herr Doktor Brunnhuber, Sie wissen nicht einmal, um welche Hunderasse es sich handelt? Es geht hier um eine Schadenersatzforderung in der Höhe von einer Million Schilling, und Sie finden es nicht der Mühe wert, sich nach der Hunderasse zu erkundigen! Es ist doch entscheidend, welche Hunde es waren! Große oder kleine, gefährlich aussehende, oder waren es vielleicht nur Zwergrattler? Sie haben weder Photos noch Stammbaum, keine Gutachten von Tierzärzten oder anderen Sachverständigen. Warum reden Sie und erzählen mir den Fall, wenn Sie überhaupt nicht wissen, welche Hunde das waren? Herr Doktor Brunnhuber, so kann man einen Fall nicht bearbeiten!"

Brunnhuber senkt seinen Kopf noch tiefer. ,,Herr Doktor, ich möchte mich hiermit entschuldigen. Herr Doktor, es tut mir leid, ich sehe ein, daß es sich hier um eine Nachlässigkeit meinerseits handelt." Kant unterbricht ihn: ,,Bitte überprüfen Sie das und erst wenn Sie richtig vorbereitet sind, möchte ich von dieser Sache wieder etwas hören. Sie können hier nicht einen Fall vortragen, bei dem Sie nicht wissen, worum es geht. Also, was gibt es noch?"

Ich weiß nicht, wo ich hinschauen soll. Mir ist die ganze Sache peinlich. Ich denke nach, ob ich auf die Idee gekommen wäre, die Hunderasse zu überprüfen. Ich weiß es nicht. Ist auch egal. Ein unwürdiges Schauspiel, das hier dargeboten wird. Herr Kant, würden Sie mich bitte entschuldigen, will ich sagen, doch ich traue mich nicht. Die anderen sitzen da, als wäre nichts geschehen. Es scheint der normale Ablauf zu sein. Schweiß rinnt mir den Rücken hinunter. Ich fühle mich nicht wohl und möchte hinaus. Die Bibliothek ist klein, und der Tisch füllt fast den gesamten Raum aus. Um hinaus zu kommen, müßte ich mich hinter dem Sessel von Vogelweider durchquetschen, den halben Raum durchqueren. Ich könnte so tun, als müßte ich auf die Toilette, doch bleibe ich sitzen. Unauffällig schaue ich mir die anderen an. Schöner sitzt da und schaut vor sich hin, als wäre er in Gedanken versunken. Plötzlich, als würde er fühlen, daß ich ihn beobachte, wirft er mir einen Blick zu. Einen samtweichen Blick aus seinen dunklen Augen. Lange blickt er mich so an, ich bin verwirrt und werde rot.

Brunnhuber trägt nun seine weiteren Akten vor. Noch immer müht er sich mit seinem künstlichen Hochdeutsch, und Kant ist nun einigermaßen höflich. Kant kommentiert kurz und knapp, gibt Anweisungen, und es geht ziemlich rasch.

Nun ist Vogelweider dran. Er sagt nur, daß es um die Sache Körner – Müller gehe und anscheinend ist diese causa schon allen bekannt. Sie erörtern die rechtlichen Probleme und da ich den Fall nicht kenne, aber daraus lernen will, frage ich, worum es denn dabei gehe. Keiner antwortet mir, sie reden einfach weiter. In einer kurzen Gesprächspause versuche ich es noch einmal: „Dürfte ich wissen, welcher Sachverhalt dem Fall zugrunde liegt?" Diesmal müssen alle meine Frage ganz klar gehört haben, doch wieder antwortet mir niemand. Ich schaue in die Runde. Keiner von ihnen blickt mich an. Jeder starrt in eine andere Richtung. Ich habe das Gefühl, daß hier etwas Peinliches passiert ist. Ein drittes Mal frage ich nicht.

Ich selbst hatte keine Akten zu besprechen. Die offenen Fragen hatte ich schon vorher mit Brunnhuber geklärt. Ich wollte nicht gleich beim ersten Mal mit irgendwelchen Fragen kommen, ich wollte mir diese berüchtigte Kanzleibesprechung erst einmal ansehen. Das war es also.

Als dann alle ihre Probleme vorgetragen hatten, wurde eine Pause zwecks Nahrungsaufnahme eingelegt. Danach sollte die sogenannte „Fortbildung" stattfinden, nämlich Referate über neue höchstrichterliche Entscheidungen. Zum Essen gingen wir in das Nebenzimmer, in das Zimmer von Vogelweider, dort stand der größte Tisch. Das Essen war schon von den Sekretärinnen vorbereitet. Es gab Brötchen und Obstsalat.

Bei Tisch unterhielten sich die Chefs miteinander. Über alles mögliche, ihre Fälle, die Kanzleiorganisation etc. Sie taten so, als wären die Konzipienten nicht da. Sie sprachen, die Konzipienten waren still. Sie diskutierten über den Besuch von Seminaren. Kant meinte: „Wenn wir keine Zeit haben, schicken wir doch die Konzipienten." Als Kant das sagte, blickte er keinen von den Konzipienten an. Doch sie saßen am Tisch, die Konzipienten. Ich hätte gerne gesagt: „Machen Sie ein Paket aus den Konzipienten und schicken sie es hin." Ich sagte nichts, dachte nur an den einen Satz von Kant: „Ich fürchte, Sie können sich nicht unterordnen." Brunnhuber saß mir gegenüber. Viel sah ich nicht von ihm, da er so weit über den Teller gebeugt war, daß man nur seine fetten Haare und die Schuppen sehen konnte. Die Ellbogen auf dem Tisch, das Gesicht fast im Teller, bewegte er den Löffel aus dem Handgelenk, das auf dem Tisch lag, und schaufelte den Obstsalat in sich hinein.

Ich saß da, aß den Obstsalat und kein Mensch sprach mit mir. Es war, als hätten die Kinder ruhig zu sein, wenn die Erwachsenen reden. Ich versuchte, mit Brunnhuber in ein Gespräch zu kommen, aber er blockte ab. Das gehört sich nicht, wir müssen ruhig sein, bis das Wort an uns gerichtet wird. Ich fühlte mich überflüssig. Die drei unterhalten sich gut.

Vogelweider war eine interessante Mischung. Religiös, gütig, Mitglied der Freiheitlichen Partei, Reservemilitarist und Opern-Fan. Er war langsam und bedächtig. Wenn er meine Schriftsätze oder Briefe korrigierte, war er pingelig und kleinlich. Er korrigierte mit seiner winzigen, akkuraten Schrift einfach alles. Auch Ausdrucksweise und Stil. Dabei saß er tief über den Schriftsatz gebeugt und sagte leise: ,,Nein, das können wir nicht so schreiben, oder?" Dann überlegte er lange, schüttelte den Kopf hin und her, bis er endlich etwas darüberschrieb. Was er dabei produzierte, war ziemlich perfekt. Er hatte einen erstklassigen Stil. Letztlich fand er immer genau das richtige Wort. In anderen Dingen war er äußerst schlampig, geradezu unglaublich schlampig. Einmal fuhr ich in seinem Auto mit. Da lag alles durcheinander. Angebissene Äpfel, alte Socken, Zeitungen. Ich hatte das Gefühl, daß es überall klebte. Er hatte drei Kinder und die taten wahrscheinlich das ihrige zu diesem Zustand des Autos. Seine Söhne hätten gerne Fußball gespielt, aber das erlaubte Vogelweider nicht. Ich sprach Vogelweider einmal darauf an. Er sagte mir, daß seine Söhne auch gar nicht richtig Zeit zum Fußballspielen hätten, weil sie so viele andere Dinge zu tun hätten. Auf meine Frage, was sie denn zu tun hätten, erzählte er mir dann, daß sie Geige spielen. Ich fragte ihn, ob sie denn das lieber machen würden, und er antwortete mir: ,,Nein, nein, ganz im Gegenteil, aber beim Fußballspielen würden sie vielleicht doch nicht die richtigen Kontakte pflegen, und es ist vielleicht besser, daß sie Geige spielen. Und die Kinder wissen halt doch nicht so richtig, was gut für sie ist."

Eine Woche später hatte ich die erste richtige Streitverhandlung mit Beweisaufnahme. Ich hatte den Akt von Brunnhuber übernommen. Gleich beim Durchblättern des Akts hatte ich den Verdacht, daß wir gegen den Falschen geklagt hatten. Die Sache schien mir verloren. Es wurden unzählige Zeugen vernommen, die Verhandlung dauerte Stunden, die Sache wurde immer aussichtsloser. Wir hatten gegen den Falschen geklagt. Einer von den Zeugen wäre der Richtige gewesen. Plötzlich schlägt der Richter einen Vergleich vor, und zwar zwischen der Gegenseite und jenem Zeugen. Ich denke, ich höre schlecht. Der Zeuge ist doch nicht Partei! Die beiden sollen je zur Hälfte zahlen, und wir bekommen alles, was wir eingeklagt haben. Der Richter schreibt schon das Vergleichsprotokoll, es geht alles ruckzuck, die beiden unterschreiben, fertig! Aus! Wir haben gewonnen! Wir kriegen unser Geld! Ich habe den Prozeß gewonnen. Ich kann es kaum fassen. Ich fahre zurück in die Kanzlei. Um fünf

Uhr ist Kanzleibesprechung. Ich fahre zirka eine Dreiviertelstunde. Die ganze Zeit überlege ich, wie das war mit dem Vergleich. War das rechtsgültig? Ein Vergleich zwischen dem Beklagten und einem Zeugen? Geht das? Ein Vergleich mit einer Person, die nicht Prozeßpartei ist? Ich denke mir, das passiert mir nicht, daß mich Kant womöglich fragt, ob es sich hier um einen gültigen Vergleich handle und ich sagen muß: „Herr Doktor ... Herr Doktor ... dieser Vergleich ist ... prozeßrechtlich gesehen ... unter Umständen ... gewissermaßen ... leider muß ich ... Herr Doktor ... leider ... Entschuldigen Sie ... Entschuldigen Sie vielmals meine Nachlässigkeit ... ich kann das derzeit ... nicht abschließend ... umfassend beurteilen ..." Nein, das passiert mir nicht! Wenn Kant mich fragt, ob der Vergleich gültig ist, dann werde ich ihm etwas hinlegen, daß ihm die Ohren wackeln.

In der Kanzlei angekommen, husche ich leise in mein Zimmer. Es braucht niemand zu wissen, daß ich schon da bin. Rasch hole ich mir den dicken Kommentar zur Zivilprozeßordnung heraus. Ich lese nach. Nach fünf Minuten weiß ich alles. Ich wußte das schon einmal und kann mich jetzt erinnern. Ich hole mir schnell die Akten vom Schreibtisch, die ich besprechen will, und was ich sonst noch brauche. Dabei sehe ich, daß auf meinem Schreibtisch ein neuer Akt liegt. Ich schaue mir das Informationsblatt an. Da steht, daß eine Frau Strasser heute das Urteil gebracht hat und daß aufgrund dieses Urteils Räumungsexekution zu betreiben ist. Mein Blick fällt auf das Datum des Urteils: Fünfter April. Ich denke, oh verdammt, die Räumungsexekution müßte binnen vierzehn Tagen beantragt werden. Das ist zumindest das, was ich von der Uni noch weiß. Ich nehme mir den Akt schnell mit, ich werde das in der Kanzleibesprechung vorbringen. Ich lege den Akt auf den Stoß. Schnell gehe ich hinauf in die Bibliothek, wo schon alle zusammensitzen. Am liebsten wäre ich hineingestürmt, hätte geschrien. „Wir haben gewonnen, wir haben gewonnen! Ich habe meinen ersten Prozeß gewonnen! Mein erster Prozeß ist gewonnen!" Aber ich denke, es ist wohl besser, gemessenen Schrittes hineinzugehen. Ich bemühe mich um einen gelangweilten Gesichtsausdruck und betrete die Bibliothek.

Schöner sagt mit sonorer Stimme: „Ah, Frau Kollegin, na, wie war's bei der Verhandlung?"

Ich ganz nebenbei: „Alles in Ordnung, wir kriegen das Geld, die Zinsen und die Kosten."

Schöner: „Was? Ist das Urteil denn schon ergangen?"

Ich antworte: „Es wurde ein Vergleich geschlossen zwischen dem Beklagten und einem Zeugen, wonach jeder die Hälfte zu zahlen hat."

Schöner lächelte: „Großartig, großartig! Gratuliere!"

Kant fragt genau so wie ich es mir vorgestellt habe: „Ein Vergleich zwischen dem Beklagten und einem Zeugen?"

„Ja" –

„Ist das ein rechtsgültiger Vergleich?"

Er ist mir in die Falle getappt. Bravo. Ich sage nur ganz lässig: „Meiner Meinung nach ist er gültig."

„Aber Frau Kollegin, das müssen Sie schon wissen, ob der Vergleich, den Sie machen, auch rechtsgültig ist."

Ich sage „Es gibt verschiedene Meinungen ..."

Er unterbricht mich schroff: „Frau Kollegin, schauen Sie, das ist doch völlig uninteressant, was es dazu für Meinungen gibt. Ist dieser Vergleich rechtsgültig oder nicht? Das ist das einzige, worauf es ankommt und sonst nichts. Aber kommen wir jetzt zur Sache bitte, wir haben jetzt keine Zeit, über wissenschaftliche Theorien zu sprechen."

Dann wendet er sich an Brunnhuber. Dieser beginnt mit dem Vortrag seiner Akten. Ich sitze da und koche innerlich. Warum hat er mir das Wort abgeschnitten? Warum hat er mich nicht erzählen lassen, wie das ist mit den verschiedenen Meinungen zum Prozeßvergleich? Er hat genau gewußt, worauf ich hinaus wollte. Warum hat er es mich nicht sagen lassen? Die anderen hätte es sicher auch interessiert. Es ist eine interessante Sache mit diesem Vergleich. Jetzt sitze ich da und platze förmlich. Ich kann Brunnhuber gar nicht zuhören.

Dann komme ich an die Reihe. Ich nehme den ersten Akt von meinem Stoß und sage: „Ich habe da einen Akt herein bekommen mit einem Urteil, aufgrund dessen Räumungsexekution zu beantragen ist. Meiner Meinung nach muß aber ..." In diesem Augenblick schon schwant mir Fürchterliches. Ich habe es ja nicht überprüft. Ich glaube ja nur. Ich glaube, weil ich mich dunkel erinnern kann, daß ich so etwas einmal auf der Universität gehört habe. Ich sehe zu Kant hinüber. Seine Augen weiten sich und treten ein bißchen hervor. Gleichzeitig macht er die für ihn typischen Lippenbewegungen. Wenn er solche Bewegungen macht, erinnert er mich an einen Fisch. Die Augen quellen hervor und die Mundwinkel bewegen sich auf und ab. Dabei fixiert er mich. Unheil droht. Es ist mucksmäuschenstill im Zimmer. Ich weiß nicht, was ich sagen soll. Der Satz, den ich gesprochen habe, steht noch im Raum. „Ich bin der Meinung, daß ..." Ich habe es nicht überprüft! Was bin ich für ein Idiot.

Jetzt setzt Kant zum Sprechen an: „Frau Kollegin, Sie haben einen Akt zuerst zu prüfen, bevor Sie darüber reden." Ich nehme die Flucht nach vorne: „Erstens habe ich keine Zeit mehr gehabt und zweitens weiß ich gar nicht wo ich das nachschlagen sollte:" Sofort als dieser Satz draußen ist, denke ich, ich bin verrückt. Das ist zuviel. Kants Mundwinkel bewegen sich jetzt noch schneller auf und ab, seine Augen quellen hervor und er wird blaß. Es ist unheimlich still im Zimmer, alle anderen scheinen versteinert zu sein. Ich lache. Es ist kein lustiges, es ist ein verzweifeltes Lachen. Anscheinend glaube ich, die Situation retten zu können, indem ich lache. Niemand lacht mit. Nur versteinerte Gesichter um mich. Ich lache wahrscheinlich, um so zu tun, als hätte ich einen Scherz gemacht. Mir bleibt das Lachen im Hals stecken. Ich fühle, wie ich blutrot im Gesicht werde und ich komme mir sehr dumm vor. Warum lache ich? Dann sagt Kant mit drohendem Ton: „Nehmen Sie einmal das Mietrechtsgesetz her!" Ich drehe mich um. Das Bürgerliche Recht steht hinter mir. Da muß wohl auch irgendwo das Mietrechtsgesetz stehen. Irgendwo hinter mir muß es sein. Wenn ich mit dem Mietrechtsgesetz arbeite, so habe ich immer mein eigenes Gesetzbuch. Es steht in meinem Zimmer. Ich weiß nicht, wie das Mietrechtsgesetz hier in der Bibliothek aussieht. Es kann ein Kodex sein, es kann gelb oder rot, groß oder klein sein. Ich suche und lasse meinen Blick an den Buchtiteln entlanggleiten. Familienrecht, Erbrecht, Vertragsrecht. Weiter rechts, da muß es irgendwo sein. Da steht das Arbeitsrecht. Vielleicht bin ich schon zu weit. Ich suche. Da höre ich Kants Stimme hinter mir: ,,Frau Kollegin, Sie kennen ja nicht einmal unsere Bibliotheksordnung!" Das stimmt. Ich kenne sie nicht. Ich nehme nur an, daß sie so geordnet ist wie im Allgemeinen Bürgerlichen Gesetzbuch. Ich glaube, von Schöner einmal gehört zu haben, daß die Bücher in der Bibliothek so geordnet sind wie im ABGB. Im ABGB ist der Bestandsvertrag etwa bei Paragraph 1100. Ist das vor oder nach dem Arbeitsrecht? Mir fällt nicht ein, wo das Arbeitsrecht im ABGB ist. Verdammt. Muß ich nach links oder nach rechts schauen? Es muß nach dem Erbrecht sein. Hier steht das Erbrecht. Ich muß nach rechts gehen. Aber es muß vor der Bürgschaft sein. Wo ist die Bürgschaft im ABGB? Die Bürgschaft ist bei Paragraph 1300, daher muß ich wieder nach links gehen, wenn das stimmt, was mir Schöner gesagt hat. Ich finde es nicht. Ich suche und suche und finde es nicht. Endlich steht Schöner auf, nimmt es mit einem Griff heraus und drückt es mir in die Hand. Gott sei Dank. Ich will mich nicht umdrehen. Jetzt stehe ich noch mit dem Rücken zu den anderen. Wenn ich mich jetzt umdrehe, dann sehen sie, daß ich ganz rot bin im Gesicht, außerdem spüre ich rote Flecken auf meinem Hals. Mein Kopf dröhnt und es flimmert mir vor den Augen. Mit gesenktem Kopf drehe ich mich um, setzte mich hin und schlage das Gesetz auf. Kant sagt: ,,Schlagen Sie auf § 35." Gott sei Dank sagt er mir den Paragraphen. Gott sei Dank fragt er mich nicht wieder, ob ich denn nicht weiß, wo das steht. Ich hätte keine Ahnung gehabt. ,,Lesen Sie vor", sagt Kant. Ich lese vor. Mir verschwimmen die Buchstaben vor den Augen. Ich lese und lese und will nur an die Stelle kommen, wo das über die Frist steht. Es ist ein langer Schachtelsatz. Ich begreife den Satz nicht. Kant unterbricht mich und sagt: ,,Sie haben dieses Gesetz noch nie gelesen!" Ich weiß nichts anderes zu sagen als ,,Erraten", worauf er sagt: ,,Frau Kollegin, vielleicht sollten Sie zuerst einmal lesen lernen." Das ist zuviel. Mein Blick bleibt auf dem Text, ich wage nicht aufzusehen. Ich will nicht die Gesichter der anderen sehen. Ich fühle die Blicke der anderen auf mir. Es ist vollkommene Stille. Es muß irgend etwas geschehen. Ich denke, wenn sie doch irgend etwas sagen würden, wenn sie nur irgend etwas reden würden. Da nimmt mir Kant das Gesetz aus der Hand und beginnt zu lesen. Er macht mich nach! Die anderen lachen! In meiner Brust krampft sich etwas zusammen, mein Gesicht wird kalt und blaß, ich spüre, daß meine Ohren feuerrot werden. Ich denke, hoffentlich überdecken meine Haare meine Ohren. Der Schweiß tritt mir aus den Achselhöhlen. Zum Glück habe ich die Kostümjacke an. Ich sage mir: Laß dir nichts anmerken! Laß dir nichts anmerken! Halte dich gerade!

Er macht mich immer noch nach. Dabei macht er Pausen und blickt in die Runde. Wieder lachen die anderen. Schließlich sagt Kant: „So müssen Sie das machen! Stellen Sie sich vor, Sie sind bei Gericht und sagen zu dem Richter ‚Herr Rat, darf ich Ihnen die Stelle einmal vorlesen?'" Er liest, macht eine Pause, nimmt die Brille ab, liest wieder ein Stück und schaut wieder in die Runde. Das ist zweifellos gut, wie er das macht. Es ist zweifellos gut. Alle lachen wieder. Er fühlt sich offensichtlich in seinem Element. Ich fühle mich wie ein Wurm. Das Fazit von dem, was in dem Gesetz steht, ist, daß das Urteil nicht verfristet ist. Durch das Mietrechtsgesetz wird die Frist auf sechs Monate erweitert. Das hätte er mir auch sagen können. Wozu dieses Theater.

Während der restlichen Kanzleibesprechung kann ich kaum noch zuhören. Ich schäme mich nur. Mir ist, als hätte ich tausend Stacheln in meiner Brust.

So nebenbei nur bekomme ich mit, daß über den geplanten Betriebsausflug gesprochen wird. Ich denke nur: Betriebsausflug! Auch das noch. Entsetzlich! Drei Tage lang mit denen beisammen sein. Nach Verona soll es gehen. Ich muß mir eine Ausrede einfallen lassen. Das wird nicht gehen, man wird mir auf die Schliche kommen. Ich werde wohl mitfahren müssen. Es wird darüber gesprochen, wie die Reise angetreten werden soll. Dabei unterhält sich Kant wieder nur mit Vogelweider und mit Schöner. Die Konzipienten werden wieder nicht miteinbezogen. Die Kanzleibesprechung ist noch nicht offiziell beendet. Ich traue mich nicht zu gehen. Fortbildung soll heute keine sein, daher auch kein gemeinsames Essen. Es ist inzwischen auch schon acht Uhr. Wir sitzen da und warten darauf, entlassen zu werden. Endlich sagt Kant, daß die Kanzleibesprechung beendet sei. Ich versuche, meiner Stimme einen möglichst neutralen Ton zu geben und sage: „Auf Wiedersehen allseits!" Ich gehe. Ich beeile mich, da ich fürchte, daß Brunnhuber kommen wird, um mich zu fragen, ob ich mit ihm auf ein Bier gehen wolle. Ich hatte keine Lust, mit jemandem zu reden. Ich wollte weg, nur weg, nur weg. Ich fuhr nach Hause.

Nur schnell hinauf in die Wohnung, nur schnell in mein Zimmer. Dort habe ich mich auf mein Bett geworfen und losgeheult. Es war niemand zu Hause. Die Kinder waren weggegangen. Das Weinen tat mir gut. Ich hörte noch die Worte von Kant: „Ich glaube, Sie sollten erst einmal lesen lernen!" Wieso traut er sich das? Wieso traut er sich, mir so etwas zu sagen? Ich setzte mich auf, wischte mir die Tränen vom Gesicht und sagte mir: „So, jetzt ist genug geheult. Jetzt überleg' einmal! Was ist passiert? Hier ist ein ungezogener, taktloser, frecher Kleinbürger. Das ist sein Problem. Warum gibst du ihm so viel Macht? Was hast du mit diesem Kerl zu schaffen? Er ist dein Chef, sonst nichts. Ein Chef, der sich schlecht benimmt. Das ist keine Seltenheit. Ein wild gewordener, kleiner Spießbürger ist er. Na und?" So redete ich eine Weile auf mich ein, aber es nützte nichts.

Ich begann wieder zu heulen.

Dann kam Judith. Sie sah mich erschrocken an. „Was ist los?" „Kant hat gesagt, daß ich nicht einmal lesen kann." Ich mußte lachen. „Und deshalb hast du geweint?" „Ja. Und verspottet hat er mich auch." Ich fing wieder an zu heulen.

„Du machst dich fertig. Such' dir doch eine andere Stelle." Wo? Wo soll ich denn suchen? Es ist doch nichts zu bekommen. Schon gar nicht, wenn ich es nur drei Monate ausgehalten habe. ‚Drei Monate waren Sie nur dort? Warum denn? So eine ausgezeichnete Kanzlei, warum nur drei Monate?' ‚Weil mein Chef mir gesagt hat, daß ich nicht einmal lesen kann.' Was glaubst du, was das für einen Eindruck macht? Nach drei Monaten weggehen. Unmöglich. Ich krieg nie mehr eine Stelle bei einem Rechtsanwalt. Noch weniger als vorher."

„Ich kann mir nicht vorstellen, daß gar nichts anderes zu finden ist."

„Sicher ist etwas zu finden. Aber wo?! Ich bin nicht Jurist geworden, damit ich in einer Bank oder in einer Versicherung sitze. Das interessiert mich nicht."

„Und das interessiert dich!? Daß man dich ständig heruntermacht!? Daß man dich mindestens einmal wöchentlich zur Schnecke macht!? Das interessiert dich!? Du machst dich selbst fertig!"

„So schnell geb' ich nicht auf! Ich will Rechtsanwältin werden!" „Unbedingt Rechtsanwältin!? Um jeden Preis?" „Nicht um jeden Preis. Aber ich geb' nicht deshalb auf, weil Kant mir sagt, daß ich nicht lesen kann. Ich geb' nicht wegen dem Kant auf. Ich laß mir von ihm nicht in die Suppe spucken. Wenn ich aufgeb', dann, weil ich es will! Vielleicht bin ich zu blöd dazu. Aber ich geb' nicht auf, weil Kant mir sagt, daß ich zu blöd dazu bin! Vielleicht kann ich nicht denken. Vielleicht. Vielleicht nicht genug. Aber ich geb' nicht auf, weil Kant mir sagt, daß ich nicht denken kann!"

„Das schlimme daran ist, daß du Kant glaubst, daß du zu blöd bist, daß du nicht denken kannst. Sonst würdest du dich nicht so kränken."

„Ja. Nur weiß ich, daß es jedem so geht. Am Anfang ist es wahnsinnig schwer. Man kennt sich nirgends aus. Alles ist neu. Man kommt sich blöd vor. Man ist unsicher. Ich weiß, daß es jedem Anfänger in diesem Beruf so geht."

„Du kommst dir blöd vor!"

„Zwei Jahre, zumindest eineinhalb Jahre muß ich es aushalten. Dann find' ich woanders auch etwas!"

4

Bisher waren sämtliche „Damen" in der Kanzlei Schreibkräfte gewesen. Es war das erste Mal, daß unter dem „akademischen Personal" auch eine „Dame" war. Man könnte sagen, im Sinne der Kanzleiordnung war ich eben keine „Dame", weil üblicherweise „Dame" für „Schreibkraft" stand.

Frau Liesl saß beim Telephon und beim Empfang. Sie antwortete einmal, als jemand fragte, wo Doktor Vogelweider sei: „In der Hose." Wenn einer der Chefs am Telephon verlangt wurde, so sagte sie: „Der ist schon wieder nicht da", oder: „Der hebt schon wieder nicht ab.", oder: „Ich weiß nicht, wann der endlich daherkommt." Kant war dem gegenüber entweder blind und taub oder tolerant. Als Vogelweider vorschlug, Frau Liesl auf ein Seminar zu schicken, bei dem sie gutes Benehmen lernen sollte, sagte Kant, daß man das Frau Liesl nicht antun könne, daß sie sich dadurch gekränkt fühlen werde.

Die „Damen" kamen immer etwas später, tranken dann etwa eine halbe bis dreiviertel Stunde Kaffee und plauderten miteinander. Kant sagte dazu nichts. Dafür brüllte er sie wegen irgendwelcher Kleinigkeiten an.

Frau Hanni telefonierte die meiste Zeit privat, und zwar stundenlang und das völlig ungeniert. Außerdem schrieb sie Briefe auf dem Kanzleipapier für ihre Bekannten, um Forderungen einzutreiben oder Leuten irgend etwas anzudrohen, und unterschrieb diese Briefe dann selbst.

Frau Lotte war eine junge Frau und noch nicht lange in der Kanzlei. Sie machte oft Schreibfehler, da sie die juristische Terminologie noch nicht kannte. Frau Liesl tippte sich dann mit dem Finger gegen die Stirn, richtete den Daumen über die Schulter nach hinten, wo Frau Lotte saß, und sagte im vertraulichen Flüsterton: „Mein Gott, ist dieses Mensch blöd."

Ich sagte den „Damen", daß es mir höflicher vorkomme, sie mit den Nachnamen und nicht mit den Vornamen anzusprechen. Sie waren ziemlich erstaunt und meinten dann, daß ihnen das zu förmlich sei.

5

Von Anfang an verwendete ich in den Geschäftsbriefen die Anrede ,,Sehr geehrte Damen! Sehr geehrte Herren!". Dies wurde von den ,,Damen" kommentarlos geändert auf ,,Sehr geehrte Herren!". Ich fragte, warum sie das machen, und sie antworteten mir darauf, daß man immer ,,Sehr geehrte Herren" geschrieben habe und daß das wohl auch weiterhin so gemacht werden wird. Ich wies darauf hin, daß es kaum Firmen gibt, in denen nicht auch Frauen beschäftigt sind und daß diese wahrscheinlich auch angesprochen werden wollen. Ich erwähnte, daß es bei Gericht und bei den Ämtern und überall inzwischen gang und gäbe sei, die Damen auch anzusprechen. Es hat einen Erlaß gegeben, wonach die Anrede ,,Sehr geehrte Damen und Herren" lauten muß. Gleichzeitig wurde auch ,,Fräulein" abgeschafft. Die ,,Damen" meinten, daß dies gut und schön sei, aber die Herren würden es dann sowieso korrigieren. Ich habe dieses Thema also dann bei der nächsten Kanzleibesprechung zur Sprache gebracht. Vogelweider meinte dazu, daß ihm das so seltsam vorkomme, das klänge so nach Conferencier oder Alleinunterhalter, die würden auch immer mit ,,Sehr geehrte Damen und Herren" anfangen. Er sagte, er könne sich einfach nicht daran gewöhnen.

Es wurde weiterhin mein ,,Sehr geehrte Damen! Sehr geehrte Herren!" immer ausgebessert auf ,,Sehr geehrte Herren!", entweder von den Sekretärinnen oder von den Herren Chefs. Erst nach längeren Diskussionen, bei denen ich wieder und wieder darauf hinwies, wie unhöflich es ist, an eine Firma, in der auch Frauen arbeiten, zu schreiben ,,Sehr geehrte Herren", haben wir uns darauf geeinigt, daß jeder so schreibt, wie er will. Wenigstens etwas.

Eines Tages ruft mich Brunnhuber in meinem Zimmer an, um mir zu sagen, daß ich in die Bibliothek kommen soll. Im Hintergrund hörte ich Stimmen und Lachen und ich denke schon, daß es sich um eine Feier handeln müsse. Ich gehe also in die Bibliothek und tatsächlich, da sind alle versammelt. Ganz feierlich. Frau Liesl hat Geburtstag. Alle stehen irgendwie herum, man wartet, bis alle da sind. Dann geht Kant ganz förmlich auf Frau Liesl zu und überreicht ihr einen riesigen Blumenstrauß mit vielen Plastikschleifen und sagt in feierlichem Ton: „Frau Liesl, ich wünsche Ihnen alles Gute zum Geburtstag." Eine Kranzniederlegung kann nicht feierlicher und ernsthafter verlaufen. Nun kommen alle anderen in der ihnen zustehenden Reihenfolge dran. Zuerst Vogelweider, er sagt dasselbe wie Kant. Dabei schaut auch er ihr fest und ernst in die Augen, als verliehe er ihr einen Orden. Dann kommt Schöner: „Frau Liesl, ich wünsche Ihnen alles Gute zum Geburtstag." Er lächelt wenigstens ein bißchen. Sobald der Gratulant zurückgetreten ist, tritt der nächste Gratulant aus der Reihe und sagt dieselben Worte. Brunnhuber, dann ich und dann die anderen Sekretärinnen. Auch nach der ihnen zustehenden Reihenfolge. Diese richtet sich nach den Dienstjahren. Nachdem alle gratuliert haben und zurückgetreten sind, sagt Kant: „Nehmen Sie Platz." So setzen sich alle um den Tisch in der Bibliothek und es wird Orangensaft und Sekt ausgeschenkt. Jeder hat vor sich ein Glas stehen, schaut es an und schweigt. Schließlich ergreift Kant das Wort und bringt einen Toast auf Frau Liesl aus. Alle trinken. Dann erzählt Kant von einer Verhandlung, die er am selben Tag geführt hat. Er sagt, was dieser Richter für ein Idiot sei, und was die Richter überhaupt für Idioten seien. Jedesmal wenn er sagt, daß der Doktor XY ein Idiot sei, lachen alle. Kant erzählt, was der Richter gesagt habe und was er darauf gesagt habe und wieder lachen alle.

Ich sitze da und es kommt mir vor, als wäre ich auf der falschen Party. Ich muß nicht lachen und ich lache nicht.

6

Der Betriebsausflug nahte. Mir hatte Brunnhuber schon früher erzählt, was der Betriebsausflug denn für eine „unheimliche Gaudi" sei. Da könne man sich mit den Chefs zusammen besaufen und „die Weiber sind brünftig". Jede kann er haben beim Betriebsausflug, jede!

Keiner wurde gefragt, wo der Betriebsausflug hingehen soll, das wurde von Kant bestimmt. Ich hatte mir überlegt, ob ich mich irgendwie davor drücken könnte, doch Daniela meinte, das würde auffallen, das wäre doch sehr unhöflich, und sie würde auch mitfahren, obwohl sie gar keinen Spaß daran hätte. Also entschloß ich mich mitzufahren. Es blieb mir ja doch nichts anderes übrig. Die Abreise war an einem Donnerstag morgen. Ich war todmüde, weil ich den Vorabend im Jazzland verbracht hatte und spät nach Hause gekommen war. Es war vereinbart, daß Schöner mich mit dem Auto abholen sollte, und zwar um acht Uhr früh. Bei der letzten Kanzleibesprechung war eingeteilt worden, wer mit wem fahren sollte. Daniela und ich hatten uns unter dem Vorwand, die Autos der Nichtraucher nicht verpesten zu wollen, für das Auto von Schöner gemeldet, das erschien uns als das kleinste Übel. Ich war in Jeans. Frau Liesl teilte mir gleich mit, daß sie auch gerne in Jeans gekommen wäre, aber Kant hätte das nicht so gerne. So war ich also die einzige in Jeans. Kant trug eine braune Freizeitjacke. Zumindest wurden früher in den Warenhäusern solche Jacken als Freizeitjacken angeboten. Die Jacke war geschnitten wie eine Jacke von einem Anzug, nur war am Revers und rundherum und an den aufgesetzten Taschen eine dicke Steppnaht und der Stoff war mehr popelineartig. Dazu trug er ein weißes Hemd und die grüne Krawatte mit den gelben Ecken. Hose wie immer. Frau Kant dehnte eine weiße Helanca-Stretchhose ziemlich aus. Oben trug sie eine taillenkurze Trachtenjacke aus türkischem Tuch, darunter einen enganliegenden weißen Dralon-Pullover, unter dem deutlich der ausladend formende Büstenhalter zu sehen war. Auf dem Kopf trug Frau Kant ein rosa durchsichtiges Nylon-Tuch. Später, auf der Fahrt, setzte Kant dieses Kopftuch auf, fuhr den anderen Wagen vor und zeigte sich. Brunnhuber erzählte, daß er sich bei jedem Betriebsausflug so einen Scherz einfallen lasse. Das letzte Mal habe er sich Eiswürfel auf den Kopf gelegt.

Vogelweider kam natürlich wieder zu spät, ich kann mich nicht erinnern, daß er jemals pünktlich gekommen wäre. Wie er das bei den Gerichtsverhandlungen machte, war mir nicht klar.

Seine Frau begrüßte uns mit großem Hallo. Sie wirkte elegant und natürlich, lachte viel und war mir sehr sympathisch.

Schöners Frau war nicht dabei. Frau Vogelweider fragte ihn, wo denn seine Frau sei. Schöner sagte nur, ziemlich reserviert, daß sie arbeiten müsse. Später erfuhr ich, daß sie in Bonn lebt. Brunnhuber war als einziger nicht in Freizeitkleidung, sondern er trug – wie immer – seinen grauen Anzug mit weißem Hemd und Krawatte.

Endlich waren alle versammelt und es ging los. Im Auto kamen wir irgendwie auf die Frauenbewegung zu sprechen. Daniela meinte, ihr ginge die Frauenbewegung auf die Nerven, dieses Gequatsche vom eigenen Bauch, diese Zwangsbeglükkung sei ihr widerlich. Ich fragte sie, was sie damit meine, und sie sagte in einem sehr scharfen Ton: ,,Ach, laß mich doch in Ruhe mit diesem Unsinn! Das ist doch purer Egoismus, was die Frauen da von sich geben, das mit dem eigenen Bauch und so weiter!" Ich war ruhig. Das war ein deutliches Wort. Daniela gab zu verstehen, daß sie damit die Frauenbewegung abschließend behandelt hatte. Es war schwer, darauf etwas zu entgegnen. Wo sollte ich da anfangen? Eine Zeitlang war Stille. Ich war betreten von der Schärfe ihrer Worte. Dann fragte ich sie, ob sie nicht meine, daß die Frauenbewegung auch positive Aspekte habe. Aber sie sagte wieder kurz und bündig. ,,Ach was, die Frauen sind doch selbst schuld." Nach einigen Augenblicken fügte sie hinzu: ,,Ich würde mir das nicht gefallen lassen, wenn ein Mann mich schlägt. Für mich wäre dann Schluß. Mit so einem Mann würde ich nichts mehr zu tun haben wollen."

Jetzt fing Schöner an zu reden. Er sagte: ,,Stellen Sie sich einmal folgenden Fall vor: Ein Mann kommt nach Hause und überrascht seine Frau mit einem Liebhaber. Können Sie sich da nicht vorstellen, daß er da so verletzt, so gekränkt, so verzweifelt ist, daß er der Frau eine Ohrfeige gibt?" Daniela sagte nur: ,,Aber das ist doch keine Lösung!"

Ich beteiligte mich nicht mehr am Gespräch. Ich fragte mich nur, ob Schöner hier aus eigener Erfahrung gesprochen hatte. Er wirkte auf einmal in ungewohnter Weise emotional. Wie er diese Worte sagte: „vor Verzweiflung, vor Kränkung". Es klang mir sehr echt.

Die erste Station war ein Restaurant in einer Burg. Wir setzten uns an einen großen, langen Tisch. Kant stand auf und rief. ‚Wer Zwiebelsuppe will, Hand hoch! Wer Steak will, Hand hoch!" Er hatte eine Vorauswahl getroffen. Er meinte, es gehe schneller so. Ich hob zuerst die Hand bei Zwiebelsuppe, dann hörte ich, daß es auch Spinatknödel gab und sagte. „Ich habe umdisponiert, ich will Spinatknödel!" Worauf mich Kant strafend anschaute und sagte: „Frau Kollegin, können Sie sich nicht gleich entscheiden?" Daniela murmelte nur vor sich hin: „Ich möchte vorher wissen, was es alles gibt, dann kann ich erst die Hand hochheben." Aber laut sagte sie es nicht. Dann kam der Wein. Den hatte auch Kant ausgewählt. Er machte uns darauf aufmerksam, daß es der teuerste Wein war. Neben mir saß Brunnhuber. Er sprach kaum mit mir. Gegenüber saßen Frau Vogelweider und Schöner. Sie unterhielten sich angeregt miteinander. Eigentlich sprach Frau Vogelweider die ganze Zeit. Sie und Schöner ignorierten mich völlig. Niemand sprach mit mir. Ich fühlte mich als Domestik, der am Tisch der feinen Leute nur geduldet wurde. Meine Versuche, ein Gespräch anzuknüpfen, schlugen fehl. Frau Vogelweider sagte mir später, daß sie mich für eine Sekretärin gehalten habe. Auch mit Brunnhuber sprachen sie nicht. Nur Frau Kant, die neben Schöner saß, wurde manchmal in das Gespräch miteinbezogen. Es schien klar, daß nur die Chefs und deren Frauen miteinander sprechen durften und allenfalls die Domestiken untereinander. Links von mir saß Frau Hanni. Sie erzählte mir ständig ordinäre Witze. Ich hatte die Nase voll und, als endlich Aufbruch war, fragte ich Daniela und Schöner, ob sie etwas dagegen hätten, wenn ich mich auf den Rücksitz des Autos hinlegen würde, um zu schlafen. Sie hatten nichts dagegen. Ich nahm mir einen Pullover und einen Mantel aus meinem Koffer und legte mich hin. Nur schlafen, nur abschalten!

Kant fuhr uns einige Male vor und hatte wieder sein Kopftuch auf. Das war offensichtlich der Scherz des diesjährigen Betriebsausflugs. Vogelweider ging wieder verloren, so langsam wie er selbst war, so langsam war auch sein Auto. Jedenfalls mußten wir wieder auf ihn warten, weil er irgendwo falsch abgebogen war und es vergingen Stunden, bis wir endlich am Ziel waren.

In Verona war schon seit Wochen alles ausgebucht, daher hatte Kant außerhalb der Stadt ein Hotel bestellt. Es lag in einem Industrieort, vollkommen aus Beton, mit Wänden dünn wie Papier. Nach Verona waren es zwanzig Kilometer.

Am nächsten Tag sollte Verona besichtigt werden. Treffpunkt neun Uhr früh, Hotelhalle. Kant suchte die erste Sehenswürdigkeit aus. Es war irgendein Palazzo. Dort stellten wir uns vor dem Gebäude auf, schauten es zunächst alle an, dann las einer aus dem Reiseführer vor, um welchen Palazzo es sich handelte, wer ihn gebaut hatte, in wessen Auftrag usw. Es war ein ziemlich ausführlicher Reiseführer, und die Beschreibung von jedem Palazzo dauerte fünf Minuten. Wenn fertig gelesen war, schauten alle den Palazzo an und zeigten Bewunderung: „Schön!“, „Großartig!“, „Damals hat man noch schön gebaut!“ Frau Liesl sagte: „Aber wohnen möchte ich nicht in so einem Palast!“ Dann ging man zum nächsten Palast, wo sich das gleiche abspielte. Beim Lesen wurde abgewechselt, Kant bestimmte, wer lesen sollte. So sagte er: „Herr Doktor Brunnhuber, lesen Sie jetzt!“ Wenn Brunnhuber las, so kam es mir vor, als würde er das Insolvenzrecht oder irgendein Gesetz lesen. Bemüht, nervös, fahrig. So ging das also den ganzen Tag.

Am Abend war wieder gemeinsames Essen. Das Lokal suchte Kant aus. Wir verteilten uns auf zwei Tische. Auch die Sitzordnung bestimmte Kant. Er rief einen von uns auf und deutete mit dem Zeigefinger nach unten auf einen Stuhl: „Doktor Brunnhuber, hierher!“ „Frau Lotte, hierher!“ So ging das weiter. Anscheinend war es ihm nicht entgangen, daß ich bisher noch nie in seiner Nähe gesessen war. Er rief: „Frau Kollegin, hierher!“ und wies mir den ihm gegenüberliegenden Platz zu. „Aber mit Vergnügen!“, sagte ich und hoffte, daß das gut gehen würde. Kant saß mir gegenüber und Vogelweider saß neben mir.

Ich unterhielt mich mit Vogelweider. Kant mischte sich ständig ein. Als er sagte: „Frau Kollegin, Sie sollten juristische Bücher lesen und keine anderen!", wurde es mir zu dumm. Ich wandte mich zu ihm hin und sagte: „Herr Doktor Kant, sehen Sie nicht, daß ich mich mit Herrn Doktor Vogelweider unterhalte?" Vogelweider zuckte zusammen und Kant war eine Weile ruhig. Ich versuchte, das Gespräch mit Vogelweider in aller Ruhe fortzusetzen. Er war irritiert, hörte mir nur noch halb zu. Plötzlich zog Kant seinen Schuh aus, stand auf und zerklatschte eine Fliege an der Wand. Alle lachten schallend. An der Wand des alten Gewölbes war ein Blutfleck. Ich setzte eisern mein Gespräch mit Vogelweider fort. Kant mischte sich wieder ein: „Glauben Sie doch nicht, Frau Kollegin, daß Sie aus einem Buch etwas lernen können!" Ich sagte nichts und ignorierte ihn. Vogelweider aber ging darauf ein. Er sagte, daß er ohnehin meist zu müde sei zum Lesen und daß er früher sehr viel gelesen habe und daß das eine oder andere Buch vielleicht doch ganz interessant sei. Dabei hängte er an jeden Satz ein „oder?" an.

Endlich war das Essen vorbei. Der Ober stellte die Rechnung zusammen, zuerst für den einen Tisch, dann für den anderen und gab Kant beide Zettel. Kant sah sich beide Rechnungen an und stellte fest, daß der eine Tisch viel mehr gegessen hatte. Er ließ sich dann von jedem, der an dem teureren Tisch gesessen hatte, sagen, was er gegessen hatte. Dann erst bezahlte Kant.

Wir fuhren ins Hotel zurück. Frau Hanni wollte unbedingt noch in eine Diskothek gehen. Ich wollte nach Hause. Ich wollte allein sein.

Wir kamen ins Hotel. Dort war die Bar noch offen. Hinter der Bar stand ein freundlich lächelnder Barkeeper. Ich dachte mir, so, jetzt trinke ich ein paar Kognaks auf die Rechnung von Kant. Ich werde ihm einen Denkzettel verpassen. Erst einladen und dann muß man sagen, was man gegessen hat. Morgen beim Frühstück sage ich ihm dann auf, wieviele Kognaks ich getrunken habe: „Melde gehorsamst, heute nacht zehn Kognaks auf Ihre Rechnung getrunken." Gut. Also an die Arbeit. Der Barkeeper schenkt mir ein. Da kommt Schöner. Ich sage ihm, daß ich ihn auf einen Kognak einlade. Der soll mir helfen. Dann kriege ich sie schneller weg. Er ist anscheinend erfreut und trinkt mit. Er steht neben mir und weiß nicht, was er reden soll.

Ich weiß auch nicht, was ich mit ihm reden soll. Ich platze fast, aber ich weiß nicht, was ich mit ihm reden soll. Er steht da, ein bißchen schüchtern, fast menschlich. Kann ich mit ihm reden? Ich weiß es nicht. Lieber nicht. Nimm dich zusammen, rede lieber nicht. Ich trinke den Kognak aus. Das Glas an die Wand schmeißen, das wäre es! Das Glas an die Wand schmeißen und dann noch eines. Direkt in die Bar hinein. Direkt in den Spiegel. Und die Flaschen zerschlagen und den Spiegel zerschlagen, daß alles nur so klirrt. Ich bestelle mir noch einen und für ihn auch noch einen. Vielleicht wird es dann besser, vielleicht werde ich dann ruhiger. Ich muß immer an die Wand gegenüber schauen. Diese Spiegelwand mit den Flaschen davor. Dort möchte ich mein Glas hinschmeißen, daß die Fetzen fliegen. Schöner steht da und weiß anscheinend nicht, wie er die Konversation beginnen soll. Ich drehe mich zu ihm und sage: ,,Na, gefällt Ihnen der Betriebsausflug?" Er zuckt mit den Schultern: ,,Naja ..." Ich sagte: ,,Ist doch nett, so ein Betriebsausflug! Man muß sich um nichts kümmern, muß nichts überlegen, muß keine Entscheidungen treffen, das macht alles unser Chef. Er überlegt, wo wir hinfahren werden, wo wir anhalten könnten, er sagt uns, was das Essen kostet, was der Wein kostet, er sagt uns, wie wir sitzen sollen, er sagt uns, wann wir lachen sollen, er sagt uns, welche Sehenswürdigkeiten wir uns anschauen sollen. Ich bin so froh, daß er uns alle Mühe abnimmt. Es ist ein wunderbarer Betriebsausflug. Es sagt mir auch, welche Bücher ich lesen soll und ... kurz und gut, mir hängt das alles zum Hals heraus, ich kann seine Schulmeisterei nicht mehr aushalten!"

Schöner schweigt. Ich bestelle noch zwei Kognaks. Nach einer Weile sagt Schöner: ,,Jaja, aber er ist schließlich auch der Chef!"

Das habe ich noch gebraucht. Es ist jetzt egal. Ich drehe mich zu Schöner, schaue ihm voll ins Gesicht und sage: ,,Und Sie, was sind Sie? Ich habe gedacht, Sie sind sein Partner? Aber Sie sind gar kein Partner, das ist doch klar. Wissen Sie, was Sie sind? Ein Schlappschwanz sind Sie, ein Schlappschwanz und sein Lakai!"

Schöner, ein bißchen betroffen, ein bißchen verwirrt, sagt:

„Jaja, das stimmt schon, ich bin sein Lakai, aber er ist viel mehr als ich, er hat doch viel mehr Wissen und Erfahrung."

Ich sagte: „So, das habe ich mir gedacht! Na und? Und Sie glauben, deswegen darf er sich so benehmen? Glauben Sie das? Sie mit Ihrem erbärmlichen Wissen! Aber sind Sie nur schön brav, halten Sie sich nur ruhig, tun Sie, was man verlangt, dann bringen Sie es vielleicht auch so weit. Wenn Sie sich bemühen und viel lernen und brav sind und dem Kant was abschauen, dann dürfen Sie es auch so machen, dürfen Sie auch so sein wie er, dann dürfen Sie auch bestimmen, wo man zum Betriebsausflug hinfährt, was man ißt und was man liest. Und Sie dürfen Fliegen an die Wand klatschen und alle werden Ihnen noch applaudieren. Sie Karrierist Sie! Sie Karrierist, Sie Wasserträger, Sie jämmerlicher Schlappschwanz!" Ich wundere mich, daß er noch dasteht. Aber er steht noch da und denkt nach. Er denkt nach! Er tut zumindest so, als würde er nachdenken. Donnerwetter! Der ist aber hart im Nehmen. Er wirkt ein bißchen angeschlagen, aber er steht noch da.

„Aber das ist doch überall so, daß der Chef das Kommando hat." Ich frage ihn, woher er das weiß: „Wo haben Sie denn schon gearbeitet? Woher wollen Sie denn das wissen? Und jetzt werde ich Ihnen einmal etwas sagen! Ich habe schon in vielen Betrieben gearbeitet. Aber das, was ich hier erlebe, habe ich noch nicht erlebt. Jetzt werde ich Ihnen einmal sagen, wie das bei meinen bisherigen Chefs war. Wenn die uns zum Essen eingeladen haben, dann haben sie zuerst einmal gefragt, wo wir hingehen wollen. Und wenn wir das dann nicht wußten, dann haben sie uns Vorschläge gemacht. Und dann haben sie uns gefragt, ob es uns vielleicht etwas ausmacht, wenn sie ihre Frauen mitnehmen. Die hatten nämlich ein Gefühl dafür, daß entweder alle ihre Ehepartner mitnehmen oder niemand. Entweder ist es ein Arbeitsessen oder nicht. Aber so, daß die Chefs einfach ihre Ehepartner mitnehmen und die Angestellten überhaupt nicht gefragt werden, so ist das sehr unhöflich. So ist es hier. Weil sie nämlich alle kein Benehmen haben. Und jetzt sage ich Ihnen noch etwas! Wenn ich mit einem meiner Chefs am Tisch gesessen bin, dann war der ruhig, wenn ich gesprochen habe und hat mich nicht unterbrochen und hat mir zugehört. Und jetzt sage ich Ihnen noch etwas! Wenn ich früher mit einem meiner Chefs aus war, dann hat er mich eingeladen oder nicht. Und wenn er mich eingeladen hat, dann hat er mich nicht nachher aufzählen lassen, was ich gegessen habe. Er hat mir auch nicht gesagt, daß es teuer ist, und er hat mir auch nicht vorgerechnet, was der Wein kostet. Am liebsten hätte ich Kant gesagt, er soll sich sein Essen doch auf den Hut stecken, ich brauch' das nicht. Und außerdem hätte ich ihm gerne gesagt: ,Ich setze mich doch nicht neben Sie, wenn Sie nicht den Mund halten können, wenn ich rede. Lernen Sie sich einmal zu benehmen und dann setze ich mich vielleicht neben Sie. – So müßte man mit ihm reden. Aber das tu ich nicht, weil ich nämlich auch ein jämmerlicher Schlappschwanz bin."

Auf einmal beginnt die Bar sich um mich herum zu drehen. Ich halte mich mit beiden Händen fest. Mir wird schlecht. Ich denke: Nur nichts anmerken lassen, nur nichts anmerken lassen. Ich überlege, wo mein Zimmer ist. Es muß im zweiten Stock sein, ich weiß die Zimmernummer nicht. Ich nehme mich zusammen und sage: ,,Entschuldigen Sie mich bitte, ich möchte mich jetzt zurückziehen." Er geht mit mir. Wir holen den Schlüssel vom Portier, der meine Nummer auswendig kennt. Ich klammere mich an meinen Schlüssel und gehe zur Stiege. Ich kann nicht hinaufgehen. Ich setze mich auf die Stufen und lache. Ich lache ein hysterisches, schrilles Lachen. Ich sitze da, auf der untersten Stufe und lache.

Er sagt: ,,Kommen Sie, Frau Kollegin!"

,,Nein, die Frau Kollegin sitzt hier und bleibt hier. Hier sitzt sie und hier bleibt sie. Die Frau Kollegin ist so betrunken, daß sie nicht mehr die Stiege hinaufgehen kann. Tragen Sie mich doch, Herr Doktor! Tragen Sie mich doch, Herr Doktor! Wenn Sie unbedingt wollen."

Er trägt mich. Oben stellt er mich auf den Boden, und wir gehen in die Richtung meines Zimmers. Da steht eine Bank. Ich setze mich auf die Bank, sage, daß ich ein wenig rasten müsse. Dabei kichere ich blöd vor mich hin. Er setzt sich neben mich. Ich lege den Kopf auf seine Schulter. Ich will nur noch schlafen.

Irgendwie schaffe ich es bis zu meinem Zimmer, sage ihm „Gute Nacht" und falle aufs Bett.

Am nächsten Morgen wache ich vollständig bekleidet auf. Mein erster Gedanke ist: Was habe ich gestern geredet? Entsetzlich, das ist das Ende meiner Juristenkarriere! Ich schäme mich so. Ich war total betrunken. Vielleicht hat er es vergessen? Vielleicht war er auch betrunken? Wie begegne ich ihm nur?

Heute ist Abreise, um zehn Uhr ist gemeinsames Frühstück. Ich muß mich beeilen. Ich wechsle rasch meine Kleider. Rasch, und doch so, daß der Kopf möglichst wenig erschüttert wird. Mein Kopf ist wie ein Ballon. Dann gehe ich hinunter. Ich bestelle mir ein Cola und mir wird besser. Kurz darauf kommt Schöner. Ich versuche zunächst, nicht hinzuschauen, aber dann denke ich, daß ich ihn ja doch irgendwie grüßen muß und schaue hin. Er winkt freundlich zu mir herüber, lacht und ruft: „Guten Morgen, Frau Kollegin, gut geschlafen?"

7

Der nächste Tag war wieder ein Arbeitstag. Kurz vor sechs Uhr abends kam Schöner in mein Zimmer. Er hatte eine Zeitschrift in der Hand: „Ich möchte Ihnen nur einen Artikel zeigen. Sie interessieren sich doch für die Frauenbewegung und alles, was damit zusammenhängt. Hier ist ein Artikel über die Frau am Arbeitsplatz." Ich war ganz gerührt und sah mir die Zeitschrift an. Da stand als Überschrift irgend etwas über die Frau am Arbeitsplatz. Es war das „Magazin der Wissenschaften". Ich sagte, daß mich das sehr interessieren würde und daß ich mir, falls er es gestattete, die Zeitschrift gern mit nach Hause nehmen würde. Er stand vor mir und wollte ein Gespräch anfangen. Er war irgendwie verlegen: „Jaja, es ist ja ungeheuerlich, wie die Frauen am Arbeitsplatz benachteiligt sind." – „Ja", antwortete ich, „das stimmt. Jaja." Er sagte dann noch, daß wir ja, wenn ich den Artikel gelesen hätte, darüber reden könnten. Dann stand er da und es war, als würde er nicht wissen, was er noch sagen könnte. Also sagte er nur „Auf Wiedersehen". Ich war überrascht. Was wollte er mir damit sagen? Interessierte er sich für die Frauenbewegung?

Der Artikel war sehr lang, etwa zehn Seiten. Es war eine Beschreibung der Stellung der Frau im Lauf der Geschichte. Seit Urzeiten. „Rein wissenschaftlich". Es war ja auch das „Magazin der Wissenschaften". Ich wußte nicht, was ich mit dem Artikel anfangen sollte.

Am nächsten Tag ergab es sich zufällig, daß ich Schöner vor dem Gericht auf der Straße traf. Ob ich mit ihm Kaffee trinken wolle, fragte er. Im Kaffeehaus sagte ich dann, daß der Artikel sehr interessant gewesen sei. Was sollte ich noch darüber sagen? Meine Frage, ob er das „Magazin der Wissenschaften" abonniert hätte, bejahte er. Er meinte, es sei eine sehr interessante Zeitschrift, weil über alle Bereiche der Wissenschaft die neuesten Erkenntnisse berichtet würde. Zum Beispiel auf dem Sektor der Chemie, der Medizin, der Physik und der Elektrotechnik. Ich konnte mir nicht verkneifen zu sagen, daß das sehr wichtig sei, um überall mitreden zu können. Er sah mich an. Ich blieb ernst und rührte im Kaffee. Er schien sich nicht darüber klar werden zu können, ob ich ihn auf den Arm genommen hatte oder nicht. „Ja, die Naturwissenschaften", sagte ich, „hoch interessant, diese Naturwissenschaften!" Ich hätte ihm gerne klar gemacht, daß ich es makaber finde, wenn in einem Artikel die Frauenarbeit im Lauf der Geschichte dargestellt wird und doch nicht darüber gesprochen wird, warum die Frau am Arbeitsplatz benachteiligt wird, und das in einem zehn Seiten langen Artikel. Doch sagte ich nur: „Sehr interessant das ‚Magazin der Wissenschaften'. Und mehr als ein bisserl mitreden überall ist auch nicht gefragt. Da fällt man sonst nur unangenehm auf."

Jetzt hatte er es doch spitz gekriegt: „Man kann ja nicht erwarten, daß man sich in jeder Wissenschaft auskennt."

Ich entgegnete ihm, daß er da wohl recht hätte, daß ich aber nicht glaubte, daß wir über dieses Thema jetzt reden könnten, da müßten wir nämlich ganz von vorne anfangen und so viel Zeit hätten wir nicht.

8

Die nächste Kanzleibesprechung stand bevor. Um zwei Uhr nachmittags kommt Brunnhuber ganz aufgeregt in mein Zimmer: „Hast du schon Entscheidungen herausgesucht?"

Ja, ich hatte schon welche vorbereitet.

Er ist verzweifelt. „Ich komm' nicht dazu. Ich hab' so viel Arbeit. Ich kann nicht. Ich kann nicht auch noch Entscheidungen heraussuchen. Mehr als arbeiten kann ich bei Gott nicht!"

„Du kannst offensichtlich nicht deine Interessen von den Interessen deiner Chefs unterscheiden", entgegne ich ihm kühl. „Warum läßt du nicht einfach deine Arbeit liegen und suchst Entscheidungen heraus? Dabei lernst du doch viel mehr. Daran mußt du doch viel mehr Interesse haben, jedenfalls mehr als an der Aktenbearbeitung."

Brunnhuber macht das wichtige Gesicht und sagt: „Spinnst du? Die Arbeit muß gemacht werden, die Akten müssen genau bearbeitet werden!"

Ich sage ihm, daß er das ja halten kann, wie er will und bitte ihn, mich allein zu lassen, weil ich mich noch vorbereiten will.

Das Thema für die heutige Fortbildung soll unter anderem die Erörterung einer Beschwerde an die Menschenrechtskommission sein. Kant hatte einen Zettel in mein Fach gelegt, auf dem stand: „Zur nächsten Kanzleifortbildung ‚Menschenrechtskonvention' vorbereiten!"

Mich ärgerte das ein bißchen, weil er mich nicht gefragt hat, ob es mir recht sei, oder ob ich vielleicht lieber etwas anderes vorbereiten will. Es hätte ja sein können, daß ich über ein Rechtsgebiet reden möchte, an dem ich gerade arbeite, aber so war es eben nicht.

Etwa eine halbe Stunde später kommt Brunnhuber wieder, er strahlt jetzt über das ganze Gesicht. „Schätzchen", dabei lehnt er am Türpfosten und verschränkt die Arme, „Schätzchen, dir ist heute ein Antrag zurückgewiesen worden, du hast ihn an das falsche Gericht geschickt. Du wirst heute was erleben, dich wird der Kant heute zusammenscheißen, aber ordentlich!"

Ich schaue ihn an. Ganz lässig steht er da. Ich hasse ihn aus tiefster Seele. Blödes Rindvieh! Doch ich sage nur: „Na und, kann man auch nichts machen."

Ich habe Angst. Kant wird sich heute gebärden! Mir wird ganz anders. Vor lauter Angst kann ich mich nicht mehr konzentrieren.

Es wird fünf Uhr und ich packe meine Akten zusammen, um mich in die Höhle des Löwen zu begeben. Ich setze mich und warte auf das Donnerwetter, aber es kommt nicht. Es kommt nicht. Wie ich später erfuhr, hatte Schöner die Sache zurückgehalten, so daß Kant nichts davon wußte.

Kant fragte: „Wer hat die erste Tagsatzung am 5. 8. in der causa Hintermeier gegen Huber verrichtet?" „Ich glaube, das war ich." Kant schaut mich an: „Es sind um dreißig Schilling zu viel Gerichtskostenmarken geklebt worden! Es ist doch wirklich ärgerlich, daß nicht einmal die ersten Tagsatzungen ordentlich gemacht werden. Das kann doch nicht so schwierig sein, Marken richtig zu kleben." Ich fühle mich wie ein Schulkind. Was soll ich ihm entgegnen? – Nichts. Ich habe sie anscheinend wirklich falsch geklebt. Als nächstes schlägt Kant einen Akt auf und fragt, wer eine bestimmte Tagsatzung am soundsovielten gemacht hat. Ich hoffe nur, daß ich es nicht bin. Aber ich bin es.

„Frau Kollegin, warum ist im Informationsblatt nicht eingetragen, daß ein Versäumnisurteil ergangen ist?" – „Ich habe nicht gewußt, daß auch Versäumnisurteile einzutragen sind, mir hat das niemand gesagt."

Nach diesen meinen Worten nimmt er seine Brille ab und schaut mich an. Seine Augen treten leicht vor und seine Mundwinkel gehen auf und ab.

„Das wissen Sie nicht? Frau Kollegin, wie lange sind Sie jetzt schon bei uns? Sie sind jetzt schon über drei Monate bei uns und wissen nicht, daß Versäumnisurteile auch ins Informationsblatt eingetragen gehören!?"

Ich weiß schon nicht mehr, wo ich jetzt hinschauen soll. Bitte Erde, tu' dich auf und verschlinge mich! Es ist still im Raum. Warum schon wieder ich? Warum mache immer ich die Fehler? Soll ich ihm jetzt sagen: „Nein, ich wußte es nicht, es hat mir nämlich niemand gesagt. Ich kann es daher auch nicht wissen." Wieder sage ich nichts. Ich hätte es doch trotzdem wissen müssen. Ich hätte es mir zumindest denken können. Ich sage nichts.

Kant sieht mich noch immer an. Alle sehen mich an. Ich sage nichts. Ich weiß nicht, was ich sagen soll.

Daniela rettet die Situation. Sie beginnt einfach von etwas anderem zu sprechen.

Dann war die Fortbildung zum Thema „Menschenrechtskonvention". Der Anlaß war der, daß Kant einen Mann verteidigte, einen Türken, der in Untersuchungshaft saß. Kant vertrat oft Türken. Für wenig oder auch kein Geld, das war ihm nicht wichtig. Kant wurde verboten, mit diesem Mann allein zu sprechen. In der Strafprozeßordnung gibt es eine Bestimmung, wonach der Verteidiger nur im Beisein von einer Gerichtsperson mit seinem Mandanten sprechen darf, wenn die Untersuchungshaft aus dem Grund der Verdunkelungsgefahr verhängt wurde. In diesem konkreten Fall wurde die Verdunkelungsgefahr folgendermaßen begründet: „Da eine vollständige Klärung des Sachverhaltes noch nicht erfolgt ist, ist auch weiterhin Verdunkelungsgefahr anzunehmen." Nach der Rechtsordnung liegt Verdunkelungsgefahr aber nur dann vor, wenn „aufgrund bestimmter Tatsachen die Gefahr besteht, der Beschuldigte werde auf freiem Fuß Zeugen, Sachverständige oder Mitbeschuldigte beeinflussen, etwaige Spuren der Tat beseitigen oder sonst die Ermittlung der Wahrheit erschweren."

Die bloße Möglichkeit der Beeinträchtigung der Wahrheitsfindung genügte somit nicht. Kant war folglich der Meinung, daß das Verbot, mit dem Mandanten allein zu sprechen, nicht rechtmäßig war. Dies aber war die übliche Praxis der Gerichte. Die Verdunkelungsgefahr wurde fast immer behauptet. In der Menschenrechtskonvention ist festgelegt, daß jeder das Recht auf den Beistand eines Verteidigers hat. Kant war der Meinung, daß eine Verteidigung dann nicht ordnungsgemäß erfolgen kann, wenn der Beschuldigte nicht die Möglichkeit hat, mit seinem Verteidiger allein zu sprechen.

Ich erwarte, daß nun über dieses Thema, also über das Vorliegen oder Nichtvorliegen von Verstößen gegen die Menschenrechtskonvention und Möglichkeiten, etwas dagegen zu tun, diskutiert würde. Vor sich hat Kant einen Akt liegen. Mit feierlichem Gesicht setzt er die Brille ab, schaut in die Runde und heftet schließlich seinen Blick auf mich: ,,Frau Doktor Zara, wann kann ich eine Beschwerde an die Menschenrechtskonvention richten?"

Muß das sein? Muß das sein, denke ich mir, muß denn das wirklich sein? Sie wissen es, ich weiß es, was soll die Abfragerei? Wir sind doch hier nicht in der Schule! Nicht einmal auf der Universität wurde man so abgefragt wie hier.

Ich beantworte ihm seine Frage. Er nickt befriedigt. Nun kommt Brunnhuber dran. Dessen Gesicht ist blaß, seine Hände spielen unruhig mit dem Akt, der vor ihm liegt. ,,Herr Doktor Brunnhuber, hat Österreich eine derartige Erklärung abgegeben, wonach die Zuständigkeit der Kommission zur Entgegennahme von Gesuchen anerkannt wird?"

Brunnhuber: ,,Jawohl, Österreich hat eine derartige Erklärung abgegeben."

Kant: ,,Wann, Herr Doktor Brunnhuber, wird der europäische Gerichtshof für Menschenrechte mit einer Beschwerde befaßt?"

Brunnhuber blickt starr nach vorne auf den Tisch, sein Oberkörper bewegt sich rhythmisch vor und zurück, die Haare kleben auf seiner Stirn. Er antwortet: ,,Gemäß Paragraph 48 der MRK besteht die Möglichkeit der Anrufung des Gerichtshofes durch die Kommission oder durch vertragsschließende Teile, nicht aber durch einzelne."

Brunnhuber hat seine Hausaufgaben ordentlich gemacht! Ich muß an mein Verfassungsrecht-Rigorosum an der Uni denken. Wie lässig ist es dort doch zugegangen im Gegensatz zu hier! Dort wurde ich vom Professor gefragt, ob mir bekannt ist, daß es ab dem Jahre 1934 verboten war, am 1. Mai zu demonstrieren, und daß die Sozialdemokraten aufgerufen haben, zwischen zehn und elf Uhr am Ring in Wien spazieren zu gehen, und was mir aus verfassungsrechtlicher Seite dazu einfiele. Jetzt sitzen wir da und werden abgefragt. Wie in der Volksschule. Da haben wir, wenn wir brav geantwortet haben, immer ein ,,Fleißzetterl" bekommen. Das war ein Zettel mit einem Bild aus einem Märchen drauf. Brunnhuber aber hat, obwohl er so brav geantwortet hat, kein „Fleißzetterl" bekommen. Statt dessen bekommt er noch eine Frage: „Ist es möglich, gegen den Beschluß einer Ratskammer eine Beschwerde an die Menschenrechtskommission zu richten?"

„Herr Doktor ... Eine Beschwerde aufgrund ... aufgrund eines Beschlusses der Ratskammer ist aufgrund Paragraph 26 der MRK nicht möglich, da der innerstaatliche Instanzenweg ... erschöpft sein muß."

Armer Brunnhuber, das ist daneben. Nun bekommst du ein großes Minus und deine Eltern müssen zum Sprechtag kommen. Kant sitzt mir genau vis-a-vis. Ich schaue ihm nicht ins Gesicht. In der Uni galt es als unkollegial, den Prüfer darauf aufmerksam zu machen, daß man die Frage des Kollegen beantworten konnte. Man hatte unbeteiligt dazusitzen. Also sehe ich zum Fenster hinaus. Wie erwartet, kommt nun die Frage an mich. Kaum ausgesprochen, scheint bei Brunnhuber der Groschen gefallen zu sein. Er hebt die Hand mit ausgestrecktem Zeige- und Mittelfinger hoch, immer wieder hoch, wie in der Schule. Bitte Herr Lehrer! Bitte Herr Lehrer! Dabei steht er jedes Mal ein bißchen auf und reckt seinen Oberkörper nach vorn.

Ich sage zu ihm: „Bitte, rede du".

Nun sprudelt es aus ihm heraus: „Wenn kein weiterer Instanzenweg vorgesehen ist, dann ist es möglich."

Gott sei Dank. Nun wird das Minus vielleicht ausradiert. Aber was ist mit mir? Bekomme ich jetzt ein Minus, weil Kant glaubt, daß ich die Frage nur weitergegeben habe, weil ich sie nicht beantworten konnte? Wie kann ich ihm zu verstehen geben, daß es nicht so war? Zum Glück fragt er mich noch etwas, und ich kann es beantworten. Jetzt bekomme ich auch einen Einser.

Am nächsten Tag kaufe ich in einer guten Konditorei einige Torten. Kant ist nicht da, und ich will Brunnhuber zu einem Kaffeeplausch einladen. Ich habe vor, mich mit ihm zu solidarisieren. Ich denke an den Anschiß und die Abfragerei vom Vortag. Da gibt es nur eines, wir müssen uns zusammentun.

Gemeinsam können wir aufstehen und sagen: „So nicht, lieber Herr Kant."

Mit Kaffee und Torten beladen gehe ich zu Brunnhuber in sein Zimmer. Zuerst führe ich ein unverfängliches Gespräch mit ihm, schenke ihm Kaffee ein und warte, bis er eine halbe Torte gegessen hat. Dann sage ich ihm, worum es mir geht. Ihm bleibt die Luft weg und der Bissen im Hals stecken. „Bist du narrisch? Spinnst du? Das sind doch unsere Chefs! Die dürfen das doch! Der Kant hat doch recht. Und außerdem, ich sag' dir eines, mir gefällt es hier in der Kanzlei. Mit dem Schöner verstehe ich mich bestens. Ich bin mit ihm per du! Das ist ein großartiger Mensch, der Schöner. Der ist Klasse! Hast du ihn schon einmal bei einer Strafverteidigung gesehen? Der ist Klasse! Wenn er so langsam aufsteht, so, so steht er auf, knöpft sich seine Jacke langsam zu und dann sagt er: ‚Die ganze Anklage ist absurd.' Ich steh' auf ihn! Auf diesen Menschen steh' ich! Und ich bin mit ihm per du! Bist du denn verrückt? Glaubst du denn, glaubst du denn, du kannst dem Kant sagen, daß dir etwas nicht paßt? Glaubst du das? Und noch eins werde ich dir sagen. Geschadet hat das noch keinem! Und ich steh' auf meine Chefs!"

Ich bin eine Weile ruhig, dann sage ich: „Du brauchst dir doch nicht vorzumachen, daß dich das nicht sehr stört. Ich seh' dir das doch an. Wie du dasitzt, wenn der Kant dich niedermacht. Da sieht man doch, wie dir zumute ist. Du hast Schweißperlen auf der Stirn, deine Hände zittern. Glaubst du, ich merke nicht, wie nervös du vor den Kanzleibesprechungen bist? Wenn der Kant dich zusammenscheißt, dann wirst du immer kleiner, dein Kopf geht nach unten und dann sagst du auch noch: ‚Danke Herr Doktor, danke.' Es ist ein widerliches Schauspiel! Es ist mir widerlich, mitanzusehen, wie du buckelst. Warum hast du nicht den Mumm zu sagen: ‚So nicht, so reden Sie nicht mit uns. Lernen Sie einmal, sich anständig zu benehmen!'"

Er schaut mich mit geweiteten Augen an. Der Mund steht ihm halboffen.

„Gut, ich habe den Mumm auch nicht. Zumindest habe ich

ihn bis jetzt nicht gehabt. Darum komme ich ja zu dir, um mit dir darüber zu reden. Machen wir es gemeinsam – dann geht es. Ich mache es nur deswegen nicht, weil ich fürchte, daß du mir in den Rücken fällst. Wenn Kant dann fragt, ob es wirklich so schlimm ist, ob es jemand anderen genau so stört, dann würdest du sagen: ,Nein! Nein! Nein, Herr Doktor, es ist alles wunderbar, machen Sie nur weiter so. Das Abfragen wie in der Schule, das habe ich gern! Mir gefällt es, wenn ich mich wie in der Volksschule fühle. Bitte, Herr Lehrer, darf ich etwas fragen? Krieg' ich einen Einser? Hab' ich meine Aufgaben gut gemacht, Herr Lehrer?'"

Brunnhuber ist blaß geworden: „Du bist wahnsinnig, vollkommen wahnsinnig. Ich sage nichts. Du kannst ja etwas sagen, aber dann bist du draußen, das sage ich dir. Außerdem kann er wirklich unheimlich viel, auch auf den Kant steh' ich, er ist ja wirklich wahnsinnig gut, der Kant." Ich packe den Rest der Torten zusammen, nehme das Tablett und gehe in mein Zimmer.

Das war also ein Flop.

9

Wir wurden von Kant nach Hause zum Essen eingeladen. Brunnhuber, Daniela und ich, auch Schöner sollte kommen. Es sollte über die Ausbildung der Konzipienten gesprochen werden.

Das Haus ist modern, steril, teuer und geschmacklos. Zu den blauen Wänden im selben Ton eine Sitzgarnitur aus Nylon-Teddy. Alles ist blitzblank.

Kant bittet uns, Platz zu nehmen. Er trägt Filzpantoffeln. Er fragt uns, was wir trinken wollen, jeder sagt etwas, und wieder ist es still. Aus der im Wandregal versteckten Bar holt er die Flaschen und schenkt ein. Keiner sagt ein Wort. Ich suche krampfhaft nach einem Gesprächsthema. Zu sagen: „Hübsche Bilder haben Sie hier", ist mir dann doch zu dumm. So sage ich nichts und hoffe auf die anderen. Ich greife nach einer Salzstange und fühle mich wie ein Elefant im Porzellanladen. Alles ist so blitzblank, daß ich fürchte, störende Fingerabdrücke zu hinterlassen. Kant holt kleine Untersätze aus Bast und stellt darauf die Gläser. Mir fällt auf, daß meine Stiefel nicht sauber sind, ich versuche, sie unter dem Sofa zu verbergen. Ich sitze also auf diesem Sofa aus hellblauem Nylon-Plüsch mit verklemmten Beinen und weiß nicht genau, was ich hier soll. Daniela sitzt mir gegenüber und verdreht die Augen.

Brunnhuber kommt. Er hat im Vorzimmer sein Schuhwerk abgelegt und trägt Filzpantoffeln. Er geht auf Kant zu, bleibt abrupt vor ihm stehen, schlägt die Hacken bzw. die Filzpantoffeln zusammen und verbeugt sich zackig: ,,Herr Doktor, ich bedanke mich herzlich für die Einladung!" Kant schlägt ebenfalls seine Filzpantoffeln zusammen, deutet eine Verbeugung an und erwidert: ,,Herr Doktor, ich freue mich, Sie hier begrüßen zu dürfen!" Und weiter: ,,Bitte, Herr Doktor, nehmen Sie Platz, ganz formlos, wo Sie wollen, ganz formlos."

Brunnhuber setzt sich neben mich. Da sitzen wir und niemand spricht.

Bald kommt Frau Kant. Auch in Filzpantoffeln. Sie bittet uns zum Essen. Es gibt ausgezeichnete Schweinshaxen mit Knödeln. Während des Essens hält das allgemeine Schweigen an, doch kaum haben wir die Gabeln weggelegt, kommt Kant zum Thema. Er will uns der Reihe nach dieselbe Frage stellen. Brunnhuber soll der erste sein.

Mit feierlicher Miene fragt Kant: ,,Herr Doktor Brunnhuber, sagen Sie mir nun, was halten Sie für wichtig, daß ein Rechtsanwalt kann und was glauben Sie, sollte ein Konzipient lernen, abgesehen von den rein fachlichen Dingen? Bitte, fangen Sie an."

Mir kommt es vor wie ein Quiz. Sie haben nun zehn Sekunden Zeit. Dalli, dalli – klick.

Brunnhuber zappelt sich ab, redet von Bilanz-Lesen, Betriebsführung, Rationalisierung, Steuerberatung, Bremsweg-Errechnen, Unfallursachen rekonstruieren, Versicherungsberatung, richtig Zahlen untereinander schreiben und ähnlichem. Kant kommentiert mit Worten wie ,,sehr gut", ,,weniger", etc. Brunnhuber kommt ins Stocken, schließlich ist Stille.

Kant sieht ihn herausfordernd an: „Weiter Herr Doktor Brunnhuber!" Der blickt starr auf das Tischtuch: „Stenographieren, Höflichkeit, kaufmännisches Rechnen, EDV." Kant nickt bei jedem Wort zustimmend, doch nun kommt nichts mehr.

Schon die ganze Zeit fürchte ich, bald dranzukommen. Gott steh mir bei, daß ich nicht sage, was ich denke. Ich habe zum Essen ein paar Gläser Wein getrunken und fühle, daß ich eine lose Zunge habe. Nicht sagen, was ich mir denke!

Nun stellt mir Kant die Frage, was meiner Meinung nach ein Konzipient lernen solle.

„Das einzige, was ich lernen will, ist, so viel Rückgrat zu haben, daß ich mir nicht alles gefallen lasse." Das kommt spontan aus mir heraus, ich habe es mir nicht überlegt. Eigentlich ist es die Abschwächung von dem, was ich wirklich sagen wollte, nämlich: „Wissen Sie was, diese Abfragerei ist mir nun endgültig zu blöd. Wir können gerne über etwas diskutieren, aber das hier ist mir zu albern. Deswegen gehe ich jetzt." Das wollte ich eigentlich sagen. Im Zimmer ist es einen Moment mucksmäuschenstill, meine Worte haben ihnen die Sprache verschlagen. Sie sind wie zu Stein erstarrt.

Dann gibt Kant die Frage an Daniela weiter.

Daniela, diese Verräterin, spielt mit. Sie zählt auf: „Psychologie der Zeugenaussage, Gerichtsmedizin, Englisch, Französisch, englische Rechtssprache, französische Rechtssprache, Rhetorik ..."

Kant nickt immer wieder befriedigt. Von nun an wird das Wort nicht mehr an mich gerichtet, ich werde ignoriert. Ich fühle mich elend. Mir kommt es vor, als hätte ich zuviel und zuwenig gesagt. Irgendwie sitze ich wieder dazwischen.

Munter zählen die anderen weiter irgendwelche Lappalien auf, wie: „Richtiges Grüßen der Klienten, internationale Zollabfertigung, internationale Verkehrsregeln, wie telephoniere ich zeitsparend etc."

Ich fühle mich ausgeschlossen. Schöner sitzt stumm neben mir. Er könnte sich ja inzwischen mit mir unterhalten, aber er sitzt nur stumm da und blickt geradeaus. Ich zünde mir eine

Zigarette an, Brunnhuber hat wieder einmal keine Zigaretten bei sich und deutet mir, daß ich ihm eine geben soll. Ich schüttle den Kopf und paffe drauf los. Ich bitte Schöner, mir mein Glas noch einmal vollzuschenken.

Frau Kant kommt herein, reißt das Fenster auf und meint, daß der Gestank vom Rauch wahrscheinlich in den Vorhängen bleiben würde und daß der Rauch sich überall festsetzen würde. Ich sage: ,,Ja, ja, den Geruch von dem Rauch, den bekommt man nie mehr weg.

Inzwischen ist Kant in der nächsten Gesprächsrunde angelangt. Er resümiert, was die anderen beiden ausgespuckt haben und stellt die Frage, wie man nun diese Dinge erreichen könne. Zunächst schaut jeder dumm. Wahrscheinlich denkt sich jeder, indem man sie lernt. Brunnhuber beginnt und meint, daß man sie durch einen Kurs lernen könne. Daniela meint, indem man sich Lektüre verschaffe. Kant schüttelt jedesmal den Kopf. Mich fragt er nicht mehr. Daniela meint nun, indem man sich diese Kenntnis auf irgendeine andere Weise aneigne. Wieder schüttelt er den Kopf und sagt: ,,Denken Sie doch, meine Herrschaften, denken Sie doch!" Kant blickt herausfordernd um sich. Alle denken fieberhaft nach. Stille. Keiner weiß was.

,,Mein Gott, meine Herrschaften, fällt Ihnen denn gar nichts ein? Denken Sie doch einmal! Es ist doch so einfach! Wie erreicht man das? Wenn Sie doch nur ein wenig denken würden!" – Stille.

Kant: ,,Da sieht man wieder, wie weit es bei Ihnen ist mit dem Denken, wie sehr es im argen ist bei Ihnen!" – Stille. Keiner kann sich vorstellen, wie man diese Dinge lernt, wenn nicht durch einen Kurs, Lektüre oder eben auf andere Art. Was käme da noch in Frage?

Kant verkündet es uns: ,,Einen Plan! Einen Plan braucht man! Ist denn das so schwer? Mein Gott, da kann man wieder sehen, daß Sie nicht denken können!"

Mit dem Auftrag, einen Plan zu erstellen, werden wir verabschiedet.

Es ist ungefähr elf Uhr und wir alle haben noch keine Lust, nach Hause zu gehen. So stehen wir auf der Straße und überlegen, wo wir hingehen können. Zuerst versuchen wir es im Klosterkeller, aber da ist es voll, und außerdem ist Schöner anzumerken, daß es ihn Überwindung gekostet hätte, in „so ein" Lokal zu gehen. Also gehen wir in den Stadtkeller. Nach einer Weile geht Brunnhuber. Daniela, Schöner und ich bleiben. Wir reden über alles mögliche, schließlich kommen sie auf „meinen Sozialismus", wie sie es nennen, zu sprechen. Daniela meint, daß ich doch gar keine Sozialistin sein könne, weil ich einen Pullover von Louisa Spagetti trage. Ich sagte ihr, daß das, was sie unter Sozialismus versteht, ein Proletkult ist. Dann kommt wieder die Sache mit dem Gleichmachen, daß die Menschen doch nicht gleich seien, daß der Sozialismus aber alle Menschen gleich mache. Der Abend verläuft wie üblich. Daniela macht es mir mit ihren Argumenten leicht. Schöner auch. Sie geben mir die Stichworte und ich rede und rede.

Um drei Uhr wird das Lokal geschlossen. Ich will nicht mehr Auto fahren, da ich schon einiges getrunken habe. Deshalb bitte ich Schöner, mich nach Hause zu bringen. Im Auto sagen wir kein Wort. In etwa fünf Minuten sind wir bei meiner Wohnung. Ich steige nicht aus, sondern bleibe sitzen. Auf der Zunge habe ich ein „Wollen-Sie-nicht-noch-auf-einen-Drink-zu-mir-raufkommen?" Aber ich nehme alle Kraft zusammen, um es nicht zu sagen, dabei denke ich an ein Gedicht, das anfängt mit: „Nimm alle Kraft zusammen, die Lust und auch den Schmerz ..." Ich denke nur: Nimm dich zusammen, sag' nichts! Ich habe den Kopf nach hinten gelegt, die Augen geschlossen. Ich tue, als würde ich nicht merken, daß wir schon angekommen sind. Ich bleibe einfach sitzen. Er macht die Autotür auf und steigt aus. Ich blinzle und sehe, daß er um das Auto geht. Er öffnet meine Tür. Wohl oder übel muß ich aussteigen. Er ist ganz Haltung, ganz korrekt, lächelnd, charmant. Er begleitet mich zur Haustür, dort steht er stramm und macht eine Verbeugung. Ich reiche ihm die Hand und er sagt – betont unverbindlich – wie mir scheint: „Auf Wiedersehen, Frau Kollegin, bis morgen in alter Frische!" Na wenn schon, denke ich. Ich bin ja ohnehin todmüde und werde ins Bett fallen wie ein Stein und morgen muß ich wieder arbeiten.

10

Schöner bat mich, in einen Akt der Gewerbebehörde Einblick zu nehmen und alle wichtigen Aktenstücke zu kopieren. Mir wurden oft solche Botengänge aufgetragen. Ich mochte es nicht und fühlte mich behandelt wie ein Lehrmädchen. Überdies fand ich es unökonomisch. Ich brauchte zu derartigen Dingen viel länger, da ich die jeweilige causa nicht kannte und daher meistens zuerst den ganzen Akt lesen mußte, um zu wissen, was zu tun war. Warum geht er nicht selbst, dachte ich mir. Er wohnt in der Nähe der Behörde und könnte es auf dem Weg ins Büro erledigen. Für ihn ist es eine Arbeit von zehn Minuten. Er kennt den Sachverhalt, braucht nur den Akt durchzublättern und weiß gleich, was er benötigt. Ich müßte ein Hellseher sein, um zu wissen, was wichtig ist oder die ganze Sache lesen.

Ich teilte es mir so ein, daß ich am nächsten Tag gleich in der Früh hingehen konnte, weil Schöner gesagt hatte, daß es dringend sei. Um neun Uhr hatte ich bei einer Verhandlung zu sein. Ich stand früher auf und war schon um halb acht Uhr bei der Gewerbebehörde. Da stellte sich heraus, daß es zwei dicke Mappen waren, die ich durchzusehen hatte. Ich war verärgert. Ich hatte nicht genug Zeit, um es in Ruhe zu machen. Ich kopierte, was mir wichtig erschien. Dann fuhr ich in die Kanzlei, legte die Kopien in das Fach von Schöner und lief zum Gericht, um die Verhandlung zu machen. Nach der Verhandlung arbeitete ich in der Bibliothek. Schöner kam herein, pflanzte sich vor mir auf. Seine Haltung allein drückte alles aus. Brust herausgestreckt, das Kinn hoch, blitzende Augen. In zynischem Ton sprach er mich an. „Es muß wohl etwas sehr Schwieriges sein, Photokopien herzustellen!“ Ich versuche, ruhig zu bleiben: „Was wollen Sie damit sagen?“

Schöner: „Daß die wichtigsten Stücke fehlen!“

Ich zwinge mich, ruhig zu bleiben: „Würden Sie so nett sein und mir sagen, was fehlt, dann werde ich so bald wie möglich die fehlenden Kopien herstellen.“

Ohne ein Wort dreht er sich um und verschwindet in seinem

Zimmer. Dabei knallt er die Tür zu. Ich stehe da und starre auf die Tür. Ich fühle Wut in mir. Es ist fast Mittag und ich fahre nach Hause. Die Wut wird immer stärker und ich glaube, bald zu explodieren. In meinem Zimmer lege ich eine Platte von Janis Joplin auf. Ich drehe so laut auf, wie es möglich ist. Es hallt und dröhnt. Türen und Fenster mache ich fest zu, es ist niemand zu Hause. Ich schreie, so laut ich nur kann. Ich schalte den Plattenspieler ab und sage mir: „Jetzt ist es genug. Das lasse ich mir nicht mehr gefallen, es ist genug. Warte nur, du Bürschchen, dich hole ich mir jetzt, dich mache ich zur Schnecke. Du widerlicher, geölter Lackaffe, dich mach' ich jetzt fertig, jetzt ist mir alles egal."

Ich duschte, zog mich um und fuhr ins Büro. Ich konnte es gar nicht erwarten. Was ich ihm sagen wollte, wußte ich nicht. Aber jetzt war es genug mit dem Einstecken, jetzt wurde ausgeteilt.

Als ich in die Kanzlei kam, war er nicht da. Frau Liesl sagte mir, daß er auswärts zu tun habe und heute überhaupt nicht mehr kommen würde. Oh, verdammt, was mache ich jetzt mit all meiner Kraft? Ich hatte mich schon so gefreut. Ich setzte mich hinter meinen Schreibtisch und starrte eine Weile vor mich hin. Erschöpft saß ich da. Kein „Dampf-Ablassen", kein „Austeilen", statt dessen holte ich mir einen Kaffee und fing an zu schreiben.

11

Eine erste Tagsatzung ist zu machen: Ich komme in den Verhandlungssaal.

Ich setze mich hin und sehe, daß Gernot auch da ist. In dem Moment wird seine causa aufgerufen und Gernot schreit: „Beantrage Versäumnisurteil!" Jetzt geht er vor zum Richtertisch. Ich denke: Mein Gott, Gernot! Ich erkenne dich nicht wieder! Bist du das? Das ist doch nicht Gernot, der hier so devot vor dem Richter steht, mit gesenktem Kopf, in diesem braven Anzug. Das ist nicht der Gernot, der große Macker. Die paar

Wochen, die paar Monate am Gericht und du stehst da in deinem kümmerlichen Grau in Grau mit geschorenem Haar und duckst dich vor dem Richtertisch. Ich schaue auf seine Schuhe. Die hat er beibehalten. Noch immer die Bergsteigerschuhe, nur die Bänder hat er gewechselt. Sie sind nicht mehr rot, sondern Ton in Ton. Er ist mit seiner causa fertig und geht. Ich bedeute ihm, daß wir uns im Gerichtscafe treffen. Er nickt. Ich warte, bis meine causen aufgerufen sind und gehe dann auch. Da sitzt er in seinem engen Anzug, mit seinen kurzgeschorenen Haaren, die Aktentasche auf den zusammengezwickten Knien, mit seinen Bergsteigerschuhen und dem weißen Nylonhemd, das er in die Unterhose hineingesteckt hat, was man sehen kann, weil oberhalb des Hosenbundes ein Stück der Unterhose hervorschaut. Unter dem Nylonhemd trägt er ein ärmelloses Unterleibchen, auf dem deutlich durch das Nylonhemd hindurch die Aufschrift „Turnerbund" zu lesen ist.

Ich setze mich zu ihm und schaue ihn an. Nach einer Weile fängt er zu reden an: „Weißt du, es gibt nur eines, was mich über Wasser hält. Ich stelle mir immer vor, ich wäre in Sibirien, von Mongolenhorden gefangengehalten, werde jeden Tag um fünf Uhr geweckt und dann den ganzen Tag geschlagen." Früher hat er oft gesagt: „Ich mag keine Leute, die leise und langsam reden, ruhig und bescheiden sind. Ich mag die, die laut und viel reden und stark sind." Ich muß laut lachen. Das gefällt ihm offenbar, denn er fängt jetzt an zu erzählen, wie er sich bereits beim Finanzamt, bei sämtlichen Versicherungen, bei allen Banken und was es sonst noch gab, beworben hat: „Lang ist das nicht zum Aushalten, lange geht das nicht." Dann ist er wieder stumm. Früher hatte er ununterbrochen geredet. „Aber du, du hast es doch leichter, du hast doch die Möglichkeit, dir Erfolgserlebnisse und Anerkennung zu verschaffen. Ihr habt doch die Kanzleifortbildung, da kannst du doch reden. Worüber redest du in der nächsten Kanzleifortbildung?" „Mietrechtsgesetz", antwortete ich. „Das ist doch die Sache für dich! Da kannst du reden und die werden nur so staunen. Das ist die Möglichkeit, dich zu profilieren. Anerkennung kannst du dir da verschaffen! Wenn ich an die Zeit denke, an der Uni, wo mich alle bewundert haben! Wenn ich die Chance hätte, mich so wie du in einer Kanzleifortbildung in den Vordergrund zu stellen, ich würde alle niederreden. Ich würde es ihnen zeigen. Dein Chef, der Dingsda, wie heißt er, der Kant, der würde dann zu mir kommen und mich fragen, ob ich ihm Nachhilfeunterricht geben könnte."

Die Idee von Gernot ist gar nicht so schlecht. Vielleicht könnte ich mir wirklich auf diese Art Anerkennung verschaffen. Nächste Woche werde ich ihnen ein solches Referat hinlegen, daß sie sich nicht mehr trauen werden, mich so herunterzuputzen. Keiner von denen wird sich noch einmal trauen, mich wie ein Lehrmädchen zu behandeln. Die werden nur so schauen. Ich werde ihnen etwas über das Mietrechtsgesetz erzählen, daß sie mit den Ohren schlackern. Kant wird immer unsichtbarer werden, und Schöner wird blaß werden vor Neid. Vogelweider wird die Ohren spitzen und stumm sein wie ein Fisch. Nach meinem Referat werden die anders mit mir reden.

Eine Woche hatte ich Zeit. Gleich am selben Abend fing ich an, mich vorzubereiten. Ich hatte einen Teil des neuen Mietrechtsgesetzes vorzutragen. Früher als sonst verließ ich die Kanzlei und beschaffte mir in der Buchhandlung und auf der Uni sämtliche Literatur, die es zu diesem Thema gab. Zuerst ackerte ich alles durch und dann begann ich, an meinem Referat zu basteln. Ich schrieb jeden Tag bis tief in die Nacht. Ich wollte nicht nur die Gesetzesbestimmungen vorlesen, sondern aufzeigen, wo es zu Auslegungsschwierigkeiten kommen könnte, wo in der Praxis Probleme auftreten könnten, was die Erneuerungen im Vergleich zum alten Gesetz bedeuteten und vor allem, wie man das Gesetz verdrehen kann. Ich wußte, daß mir diese Arbeit liegt. Am Wochenende traf ich mich mit Peter, einem Mietrechtsspezialisten. Er fand mein Referat gut und gab mir noch ein paar Tips. Am Montag überarbeitete ich es noch einmal.

Am nächsten Tag hatte ich meinen großen Auftritt. Schöner und Kant fingen sofort an, Zwischenfragen zu stellen. Sie hatten anscheinend die Absicht, mich aus dem Konzept zu bringen. Mir war gleich klar, daß ihnen das nicht gelingen würde. Ich war sattelfest, und die Antworten auf ihre Zwischenfragen schüttelte ich aus dem Ärmel. Schöner versuchte, mich aufs Glatteis zu führen. So sagte er zum Beispiel, daß es nicht so wäre, sondern ganz anders und daß man nur das Gesetz richtig zu lesen brauche. Er wollte mich verunsichern. Ich sagte ihm, daß er sich geirrt habe. Vogelweider machte manchmal Einwände wie: „Jetzt kommen Sie doch endlich zur Sache!“, worauf ich ihm ganz ruhig ins Gesicht sagte: „Die Vorbemerkungen sind nötig, Herr Doktor Vogelweider, sonst verstehen Sie nichts.“ Kants Fragen waren etwas schwieriger, aber auch ihm gelang es nicht, mich zu verunsichern. Es gab keine Frage, die ich nicht schon für mich allein abgehandelt hatte.

Weil ich immer wieder unterbrochen wurde, dauerte das Referat bis halb elf. Triumph! Ich ließ mir nichts anmerken, packte ruhig meine Bücher zusammen, sagte: „Auf Wiedersehen“ und ging. In meinem Zimmer heulte ich fast vor Freude. So, jetzt habe ich es ihnen gezeigt, die trauen sich nicht mehr, so mit mir zu reden.

Brunnhuber klopfte an und fragte, ob ich noch mitginge auf ein Bier. Mir war sowieso danach zumute, ich hatte einen trokkenen Mund. Die Chefs gingen auch mit, nur Kant nicht. Wir saßen in einem Gasthausgarten und es war sehr gemütlich. So nebenbei erwähnte Vogelweider, daß Kant von meinem Referat beeindruckt gewesen war. Das war Musik in meinen Ohren, Balsam für meine Seele. Ich hab's geschafft!

12

Ich arbeitete an einer Sache, bei der ich glaubte, einen Rat zu brauchen. Am nächsten Tag sollte Verhandlung sein, und ich wußte nicht so recht, wie ich die Sache angehen sollte. Ich gehe mit dem Akt zu Schöner. Die Tür ist nur angelehnt. Ich klopfe leise und sage: „Herr Doktor Schöner, entschuldigen Sie; wenn Sie einen Moment Zeit haben, möchte ich Sie hier um Ihre . . .“ Jetzt erst merke ich, daß Kant im Zimmer ist. Er steht hinter der Tür. Er sagt in scharfem Ton: ,,Nein, das geht nicht, Frau Kollegin, das kommt doch überhaupt nicht in Frage. Sie können doch nicht einfach in das Zimmer hereinkommen und hier Fragen stellen! Sie haben hier überhaupt nichts verloren!"

Ich bin wie vom Schlag gerührt. Ich werfe noch einen hilfesuchenden Blick zu Schöner hin, aber der schlägt die Augen nieder. Er sagt nichts. Da stehe ich mit meinem Akt. ,,Sie haben hier nichts verloren!" Schließlich drehe ich mich um und gehe wortlos.

Wie in Trance ging ich in mein Zimmer zurück, setzte mich und schaute wie gelähmt auf die Wand. Dann überlegte ich, was ich hätte sagen sollen. Warum habe ich nicht gesagt: ,,Herr Doktor Kant, soweit ich informiert bin, ist dies das Zimmer von Herrn Doktor Schöner. Ich rede also mit Herrn Doktor Schöner. Wenn Herr Doktor Schöner nicht mit mir reden will, so kann er es mir selber sagen." Warum habe ich das nicht gesagt? Es hätte gerade noch gefehlt, daß er gesagt hätte: ,,Abtreten!", so wie es Gernot immer zu den Studenten gesagt hat. Und warum hat Schöner geschwiegen? Er hätte doch sagen können: ,,Nein, nein, die Frau Kollegin kann immer zu mir kommen, wenn sie Fragen hat." Statt dessen stand er da mit gesenktem Blick – stumm. Mir war, als wäre er sogar rot geworden. Warum hat er nichts gesagt?

Jetzt sitze ich da mit meinem Akt. Die Zeit vergeht, morgen ist Verhandlung und ich weiß noch immer nicht, was ich tun soll. Ich überlege. Vielleicht ist Brunnhuber da, und vielleicht hat er schon einmal so etwas gemacht? Vielleicht sagt er mir etwas, was gar nicht so blöd ist? Ganz leise werde ich mich zu Brunnhuber schleichen. Ich rufe ihn zuerst an und frage, ob er einen Moment Zeit hat für mich. Er hat Zeit. Ich öffne meine Tür einen Spalt und horche, ob jemand auf dem Gang ist. Es ist niemand da. Aber was ist, wenn Kant mich in meinem Zimmer sucht? – Ja, ich werde sagen, daß ich auf dem Klo war, es ist ja gleich neben Brunnhubers Zimmer. Das ist glaubhaft. Als ich, nachdem ich mit Brunnhuber gesprochen habe, zurück in mein Zimmer gehe, steht Kant plötzlich vor mir. Wie erwartet fragt er mich: ,,Wo waren Sie?" Ich muß innerlich lachen. Am liebsten hätte ich gesagt: „Scheißen, Herr Doktor!“ Ich schaue ihm fest in die Augen und sage: „Am Klo!“ – „Mit einem Akt?“, fragt er. „Natürlich, den lese ich auf dem Klo, damit ich keine Zeit verliere.“ Er dreht sich um und geht. Ich klopfe mir heimlich auf die Schulter.

13

Die Schriftstücke, die ich diktiert habe, werden immer Schöner zum Unterschreiben gebracht. Wenn etwas falsch ist, dann ruft er mich an. Diesmal habe ich eine Kostennote falsch geschrieben. Er ruft mich an und meint in bissigem Ton: „Man kann doch wohl noch den Rechtsanwaltstarif anschauen, weil, wenn man ihn sich nicht anschaut, dann kann man auch keine Kostennoten schreiben.“ Mir steigt das Blut in den Kopf. Ich weiß nicht, was ich sagen soll und lasse nur den Hörer auf die Gabel zurückfallen. Bis zur Kanzleibesprechung kann ich vor Wut nicht mehr arbeiten. Am Anfang der Fortbildung fragt Vogelweider, ob sich jeder vorbereitet hätte.

Ich sage ihm, daß ich nur über zwei Entscheidungen referieren könne und die dritte nicht mehr habe vorbereiten können, weil ich mich in der letzten Stunde vor der Kanzleibesprechung so geärgert habe, daß ich zum Denken unfähig gewesen sei. Leider fragt er mich nicht, worüber ich mich geärgert habe, sondern stellt nur fest, daß die Referate für die Kanzleivorbereitung in der Freizeit und nicht während der Arbeitszeit zu machen sind. Das ist alles. Nach der Fortbildung gehe ich gleich nach Hause. Markus ist da und ich erzähle ihm von dem Telephonanruf von Schöner. Markus machte ein Gesicht wie: „Ich hab's doch gleich gewußt, daß es so kommt.“

Ich setze mich hin und schreibe Schöner einen Brief, der einerseits der Wahrheit entsprechen soll, andererseits nicht zuviel von meiner Verfassung preisgeben darf. Er muß ja nicht wissen, wie sehr ich mich verletzt fühle:

Sehr geehrter Herr Dr. Schöner!
Hiermit ersuche ich Sie höflichst, sich in Zukunft etwas zivilisierterer Umgangsformen zu bedienen, da ich mich andernfalls in meiner psychischen Integrität beeinträchtigt fühle.

Hochachtungsvoll
Katharina Zara

Am nächsten Morgen kann ich es kaum erwarten, ihm den Brief auf den Schreibtisch zu legen. Erst am Nachmittag spricht er mich darauf an. Ich sitze in der Bibliothek, er kommt zu mir und meint, daß es sich hier wohl um ein Mißverständnis handle und er sich keiner Schuld bewußt sei.

Ich versuche, ihm klar zu machen, was ich meine. Ich rede und rede und merke, daß er doch nichts versteht. Er denkt eine Weile nach, schließlich sagt er: „Ich bin nicht autoritär, ich rede nur so mit den Konzipienten, um einen Widerspruch und somit unnötige Diskussionen zu vermeiden." Bewußt sage ich eine Weile nichts, um den Satz, den er da gesprochen hat, möglichst lange wirken zu lassen. Dann spreche ich langsam und ruhig: „Herr Doktor Schöner, was ist das anderes als autoritär?" Er sieht mich mit großen Augen erstaunt an: „Frau Kollegin, ich glaube, Sie sind einfach zu empfindlich."

14

Ich suchte eine Gelegenheit, mich mit Kant auszusprechen. Ich wollte es zumindest versuchen. Eines Abends erschien es mir günstig. Die Sekretärinnen waren schon weg, ich saß im Sekretariat und Kant ging vorbei. Er war anscheinend gut aufgelegt, denn er sagte im Plauderton irgend etwas Scherzhaftes zu mir, bzw. etwas, was er für scherzhaft hielt. Dann fragt er, wie mir die Arbeit denn so gefalle. Nun nichts wie los, dachte ich mir. Ich sagte ihm, daß mir die Arbeit an sich gut gefalle und daß ich die juristische Arbeit gern mache, aber daß ich mich in meiner Schaffenskraft dadurch sehr beeinträchtigt fühle, daß ich von ihm immer niedergebügelt und vor allen anderen heruntergemacht werde und daß mir das viel Freude an der Arbeit nehme. Während ich sprach, sah er mich groß an. Er wirkte verwundert. Ich versuchte, mich dadurch nicht irritieren zu lassen und sprach ruhig und fest weiter. Ich hatte mich in Gedanken oft genug auf diese Situation vorbereitet. Er ließ mich zwar reden, vielleicht merkte er auch, daß er mich gar nicht hätte stoppen können, aber ich hatte das Gefühl, daß er mich nicht hörte. Das machte mich nervös. Ich fühlte, daß ich ihn nicht erreichte, aber ich sprach weiter, aufgesetzt und unnatürlich. Als ich fertig war, sagte er einfach nur: „Diese Härte müssen Sie lernen, das müssen Sie aushalten. Härte ist das Wichtigste in diesem Beruf."

Ich schaute in die blauen Augen von Kant: „Ist Ihnen eigentlich klar, was Sie da reden? Das ist nichts anderes als der faschistoide Spruch ‚Was dich nicht umbringt, macht dich hart'. Überdies handelt es sich bei dem, was Sie vorhin gesagt haben, um eine Rationalisierung." In dem Moment wurde mir klar, daß er ganz bestimmt nicht weiß, was eine Rationalisierung ist. Daher redete ich weiter: „Sie geben Ihren irrationalen Motiven eine rationale Basis. Wenn Sie Ihre Konzipienten schulmeistern und herunterputzen, so liegt die Ursache wohl darin, daß Sie das gerne machen. Da Sie es aber so nicht begründen können, sagen Sie, daß es zur Ausbildung gehöre. So können wir natürlich nicht weiter diskutieren."

Er hatte gar nicht zugehört. Er suchte etwas in seiner Schublade. Ich hatte versucht, in einem ruhigen und höflichen Ton mit ihm zu sprechen, trotzdem hielt ich es in diesem Moment für möglich, daß er gleich eine der Schubladen herausnimmt und sie mir über die Birne zieht. Nein, das tat er nicht. Er hatte mir einfach nicht zugehört, denn er wiederholte seine Worte von vorhin: „Ohne Härte kommen Sie in diesem Beruf nicht weiter, die müssen Sie lernen. Das gehört zur Ausbildung."

Es war unklug von mir, über Rationalisierung zu sprechen, damit konnte ich ihn nicht erreichen, aber ich wußte nicht, was ich sonst sagen sollte. Ich versuchte fieberhaft, mir etwas anderes auszudenken, bevor er in der Schublade findet, was er sucht und in sein Zimmer geht. Ich bemühte mich, meiner Stimme einen beiläufigen Ton zu geben: „Ich sehe das anders. Durch dieses repressive Klima, das hier herrscht, wird Angst erzeugt und Angst macht dumm."

Jetzt fiel mir endgültig nichts mehr ein. Was ich fühlte, konnte ich nicht sagen. Ich konnte nicht sagen: ,,Ich leide so entsetzlich. Mir ist zum Heulen. Sie wissen ja nicht, wie viele Stunden ich schon geflennt habe, weil ich dermaßen unter der Behandlung leide." Aber so durfte ich nicht reden.

Er hatte gefunden, wonach er gesucht hatte. Er wendete sich zu mir und sagte: ,,Das müssen Sie lernen, diese Härte müssen Sie bekommen." Dann verschwand er.

Erst später verstand ich, warum dieses Gespräch so daneben gegangen war. Was ich gesagt hatte, war viel zu unkonkret, zu vage und zu schwach. Er konnte es wegwischen mit Worten wie: ,,Ich finde nicht, daß ein repressives Klima herrscht", ,,Ich finde nicht, daß ich mich autoritär benehme." Oder: ,,Ich finde nicht, daß das ein faschistoider Spruch ist." Ich hätte konkrete Forderungen stellen müssen: ,,Ich will nicht, daß Sie mich fragen, was ich im Zimmer von Herrn Doktor Schöner verloren habe. Ich will nicht, daß Sie sagen, daß ich nicht denken kann. Ich will nicht, daß Sie nachäffen, wie ich lese!" Aber ich hatte mich nicht getraut! Ich hatte Angst vor ihm.

15

Danielas Referendarzeit war beendet und ein großes Abschiedsessen sollte stattfinden. Daniela und ich waren zu Mittag im Park-Cafe und sprachen über das bevorstehende Kanzleiabendessen und was wir dazu anziehen sollten. Wir wollten im Disko-Look erscheinen und nachher alle in eine Disko schleppen.

In der Kanzlei tranken wir in der Bibliothek zusammen Kaffee und alberten weiter herum. Wir stellten uns Kant vor, wie er gnadenlos vom Disko-Fieber gepackt wurde. In diesem Moment kam Schöner herein. Wir sagten ihm, daß er zum Essen im Disko-Look kommen solle. Elvis Presley hätte schließlich auch immer ein Mieder getragen. Ungeniert musterte ich seine Figur. Ich fragte ihn, ob er mich abholen würde, damit ich nicht mit dem Auto fahren müsse. Er wohnte in meiner Nähe. In seiner charmant unverbindlichen Art sagte er: ,,Aber gerne, Frau Kollegin, aber gerne.“

Ich wartete auf der Straße. Ich trug eine Glitzerjacke à la Bill Haley, dazu schwarze enge Hosen vom Flohmarkt und große goldende Ohrringe. Es sah einfach toll aus. Kant sollte schauen. Wenn ich immer schon die Blödeste bin, dann will ich wenigstens auch die Schönste sein. Ein Paradiesvogel bin ich und nicht zu übersehen. Schöners Frage: ,,Wo haben Sie das denn her?“, als er mich sieht, klingt, als wolle er sagen: ,,Wie sehen Sie denn aus?“ Im Auto herrscht diese ganz gewisse Atmosphäre. Der Geruch der Ledersitze, teures Eau de Cologne, leise Musik – natürlich französische Chansons. Er trägt den Anzug in Pepita von Cardin. Der letzte Schrei, alles vom Feinsten. Ich weiß nicht, was ich reden soll, also schweige ich. So eine feine Atmosphäre schüchterte mich schon immer ein. Außerdem erinnert mich dieses Auto an die Autos meines Vaters. Die rochen auch nach Leder, auch dort wußte ich nicht, was ich reden sollte. Er fühlt sich anscheinend bemüßigt, Konversation zu machen, denn er fragt, ob ich öfters übers Wochenende an den Altensee fahre. Ich sage: ,,Ja, oft.“ Dann ist wieder Ruhe. Ob ich segle, fragt er. ,,Nein“, sage ich. Ich merke, wie ihn die Stille verunsichert und mache mir einen Spaß daraus. Er wird nervös, rutscht merkwürdig auf seinem Sitz hin und her, fummelt am Radio herum, ist ganz beschäftigt.

Bei meinem Erscheinen im Lokal hatte ich ein lautes ,,Oh!“ und ,,Ah!“ erwartet, aber es geschah nichts dergleichen, statt dessen ein förmliches Händeschütteln. Über meinen Glitzer-Glimmer-Look verlor niemand ein Wort. Ich kam zwischen Kant und Schöner zu sitzen. Schöner sprach mit Kant und den anderen und tat so, als würde ich nicht neben ihm sitzen bzw. überhaupt nicht da sein. Meine Versuche, mit den anderen ins Gespräch zu kommen, waren vergeblich. Sie sprachen über die Standesehre der deutschen Rechtsanwälte, die Blödheit der österreichischen Rechtsanwälte, das war Kants Lieblingsthema, über die Organisationsstruktur der Rechtsanwaltskammer etc. Ich fragte mich, warum sich Schöner so angeregt mit Kant unterhielt. Interessierte ihn dieser Quatsch? – Das konnte ich mir nicht vorstellen. Redete er aus Höflichkeit mit Kant? Es war wie bei den Kanzleibesprechungen, ich wurde ignoriert. Trotz Glitzer-Look.

Kant war nicht dazu zu bewegen, mit uns in die Disko zu gehen. In der Disko war es genau so langweilig wie vorher. Wir saßen, wo die Musik nicht zu laut war und machten das Spiel, bei welchem immer einer einen Buchstaben hinzufügen muß, bis ein vollständiges Wort entstanden ist. Danach gab Schöner Rätsel auf. Es war lähmend. Einmal tanzte Vogelweider mit Daniela. Jetzt, dachte ich, könnte doch Schöner mit mir tanzen. Aber dieser rührte sich nicht von der Stelle, sondern machte weiter seine Ratespiele.

Vogelweider brach bald auf. Er fragte mich, ob ich mitkomme. Ich sagte, daß ich noch bleibe. Warum, wußte ich nicht. Daniela wollte auch gehen, worauf ich sagte: „Wenn du gehst, dann gehe ich auch." Frau Vogelweider lachte schallend: „Haha, der Niko, der ist anscheinend nicht sehr attraktiv, wenn die Frau Kollegin sagt, daß sie dann auch geht. Hahahaha!" Sie lachte immer mehr: „Wegen dem Niko bleibt sie nicht! Na, Niko, bist du jetzt in deiner Ehre gekränkt?" Sie hörte gar nicht mehr auf zu lachen. Schöner war es offensichtlich peinlich. Er saß da mit verschränkten Armen, gesenktem Kopf, in Schmollhaltung. Er tat so, als würde er lachen, aber man merkte genau, daß ihm das Lachen gefror und daß er sich ärgerte. Also blieb Daniela doch. Der übliche Diskutierzirkel, Schöner, Daniela und ich. Wir kamen auf Psychoanalyse zu sprechen. Danielas Vater war Psychologe. Sie und Schöner äußerten übereinstimmend, daß sie von Psychoanalyse nichts hielten. Schöner meinte. „Es kann schon sein, daß mancher eine schlechte Kindheit hatte, aber irgendwann muß man doch auch einmal seinen Kopf gebrauchen."

Ich schluckte und sagte geduldig: „Aber Zwänge haben doch nichts mit dem Gebrauch des Kopfes zu tun."

Er schaute mich entgeistert an: „Zwänge wird es immer geben!"

Ich sagte, daß ich damit nicht die äußeren Zwänge gemeint

hatte, wie zum Beispiel die Tatsache, daß man in der Früh aufstehen muß, um in die Arbeit zu gehen, sondern die inneren Zwänge.

,,Was soll den das sein, ein innerer Zwang? Entweder man will etwas oder man will etwas nicht."

Ich gab auf. ,,Ja, ja, da haben Sie wohl ganz recht. Man muß nur ordentlich wollen, dann geht das schon."

Inzwischen war es zwei Uhr. Ich wollte nur noch nach Hause. Im Auto schwieg ich wieder, diesmal aus Müdigkeit. Nach einer Weile sagte Schöner völlig unvermittelt. ,,Ich habe einen Freund, der ist der Meinung, daß man Gefühle ausleben muß." Ich schlief schon halb und sagte nur: So, so, wo wohnt er denn?" Er lachte, was mich verwunderte. Dann schwiegen wir wieder. Als er in die Radetzkystraße einbog, fragte er mich, ob ich nicht noch mit ihm irgendwo hingehen wolle. Ich war überrascht und bot ihm an, auf einen Drink in die Pension Schloßbergblick zu kommen. Ich hatte ihm früher schon erzählt, daß man von meiner Dachterrasse aus den Schloßberg sehen konnte. ,,Ich zeige Ihnen den Schloßberg, wenn Sie mitkommen", sagte ich. Wir lachten.

Ich legte eine Platte auf und zündete Kerzen an. Wir ließen uns auf den Matratzen, die am Boden lagen, nieder. Ich merkte, wie ungewohnt ihm das war. Zuerst setzte er sich hin, als würde er auf einem Stuhl sitzen, nämlich mit den Knien nach vorne. Ich legte mich gleich der Länge nach auf den Boden und stützte mich nur mit dem Ellbogen auf der Matratze auf. Als er das sah, legte er sich auch so hin. Wir tranken Rotwein und plauderten über dieses und jenes. Ich war beides: todmüde und hellwach. Mich interessiert die Sache doch. Wir liegen da und reden über Banalitäten. Er könnte doch einfach sagen: ,,Ich danke für den Drink und will Sie jetzt nicht mehr länger aufhalten" und gehen.

Jedes Mal, wenn er sich das Glas neu einschenkt, rückt er ein Stück näher. Bald ist sein Ellbogen nur mehr ein paar Zentimeter von meinem entfernt. Wie wird er weitermachen? Von seinem Geographieprofessor im Gymnasium erzählt er jetzt und wie er ihn geärgert hat. Und das um halb fünf Uhr in der Früh.

Ich zeige kein besonderes Interesse und döse vor mich hin. Dabei denke ich: Ich helfe ihm nicht. Keinen Schritt gehe ich ihm entgegen, keinen Schritt. Ich stelle mich ganz doof und tu, als wäre es die selbstverständlichste Sache von der Welt, daß ein Rechtsanwalt um halb fünf Uhr in der Früh in der Wohnung seiner Konzipientin liegt, Rotwein trinkt und von seinem Geographieprofessor erzählt. Er soll sich nur abplagen. Das schaue ich mir an. Plötzlich, als hätte er meine Gedanken erraten, fragt er mich, warum wir noch immer hier sitzen und reden. Ich stelle mich dumm: ,,Aber Sie müssen ja nicht hierbleiben, Sie können ja gehen." – ,,Das werde ich auch tun", sagt er, ,,ich fühle mich auch gar nicht wohl." Seine Hand ist in diesem Augenblick nur einige Millimeter von der meinen entfernt. Ich greife nach seiner Hand. Es ist, als hätte er nur auf ein Zeichen gewartet. Blitzschnell ist er in der Höhe und schon über mir, umarmt mich und hält mich fest. Meine Glitzerhose und die Seidenbluse fliegen durch die Luft. Die schmucke Pepitahose ist am Ende ganz zerknittert, weil wir darauf gelegen waren. ,,Komm in meine Arme, mein Liebling!", sagt er, nachdem ich aufgestanden bin, um die Terrassentür zu öffnen. So verlockend liegt er da mit seinen runden, braunen Muskelpaketen und streckt seine Arme nach mir aus. Er drückt mich so lieb und zärtlich an sich, daß ich versinke wie in Abrahams Schoß. Kurz vor Mittag wachen wir wieder auf, es war ein Feiertag, kein Büro. Er muß weg, weil er zum Mittagessen verabredet ist. Er hat keine Zeit mehr zum Frühstücken, zieht sich ganz schnell an und geht. Ich schlafe wieder ein. Als ich Stunden später aufwache, weiß ich nicht, ob ich alles nur geträumt habe. Aber da stehen noch die Gläser und die halbe Flasche Rotwein. Ich überlegte, ob er mich wohl anrufen würde. Er rief nicht an.

Der nächste Tag ist wieder ein Arbeitstag. Wie soll ich ihm begegnen? Ich stehe etwas früher auf, will zu Fuß ins Büro gehen und mir alles überlegen. Ich gehe am Fluß entlang, die Sonne scheint und ich fühle mich gut. Wie sollte ich ihm nun begegnen? Am besten gar nicht. Am besten ist es wohl, so zu tun, als wäre nichts gewesen. Ich will meinen Posten nicht aufs Spiel sezten. Ein ,,Pantscherl" am Arbeitsplatz, das hat mir noch gefehlt. Die sicherste Art, den Posten zu verlieren. Das gibt nur Schwierigkeiten! Männer gibt es zu Hunderten, aber Arbeitsplatz habe ich nur einen. Wenn ich klug bin, kann ich es für mich verwenden. Oder sitze ich bereits auf dem Schleudersitz? Hat er vielleicht schon auf den Auslöser gedrückt?

Ich habe auf dem Gericht zu tun. Als ich den Verhandlungssaal verlasse, sehe ich ihn am Ende des Ganges stehen. Er spricht mit jemandem. Als er mich sieht, sagt er: ,,Servus!" Das sehe ich an seiner Mundbewegung. Ich fühle, wie mir das Blut zu Kopf steigt, ich stammele noch so etwas wie ,,Grüß Gott!" und kratze dann die Kurve. Nur schnell weg.

Zurück in der Kanzlei benötige ich für die Arbeit ein Schriftstück, welches mit der Post gekommen sein muß, und ich frage eine Sekretärin danach. Die Post wäre bei Doktor Schöner. Also muß ich zu ihm. Ich traue mich nicht, weiß nicht, wie ich dreinschauen soll. Dann sammle ich mich und gehe forsch auf seine Tür zu. Davor bleibe ich stehen und gehe wieder zurück. Ich nehme ein Buch aus der Bibliothek und blättere darin. Wieder gehe ich zu seiner Tür. Wieder gehe ich zurück, blättere im Buch und entschließe mich, nicht hineinzugehen. In meinem Zimmer starre ich auf den Akt, den ich ohne Schriftstück nicht weiter bearbeiten kann. Ich werde doch hineingehen. Nein, ich gehe nicht. Ich weiß nicht, was für ein Gesicht ich machen soll. Ich stelle mir die Situation vor: ,,Guten Morgen, ich möchte mir nur ein Stück aus der Postmappe holen." – ,,Guten Morgen, Frau Kollegin, aber bitte sehr, was suchen Sie denn?" Dann würden wir uns ganz blöd anschauen und es würde furchtbar peinlich sein. Nein, ich gehe nicht.

Ich fange an, einen anderen Akt zu bearbeiten. Dann fällt mir ein, daß ich den Schriftsatz wegen der Frist unbedingt noch heute zu machen habe. Ich werde ihn anrufen, ihn fragen, ob das Ding in der Postmappe liegt, und vielleicht kommt er dann auf die Idee, eine Sekretärin zu bitten, es mir zu bringen. Ich greife zum Hörer. Er hebt ab. Ich sage: ,,Guten Morgen, wissen Sie, ob von der Firma XY ein Schreiben gekommen ist?" – Stille. Anscheinend ist er sprachlos. Nach ein paar Sekunden sagt er in betont zwanglosem Ton: ,,Ja, dieses Schreiben ist gekommen. Soll ich es Ihnen bringen?" – Nein, danke, ich werde es mir gleich selbst holen." Als ich in sein Zimmer komme, ist gerade eine Sekretärin da, zum Glück. Ich nehme das Papier und gehe wieder.

Ein paar Tage gehen wir miteinander um, als wäre nichts gewesen. Wir begegnen uns in der Kanzlei so wie früher, vielleicht nur ein bißchen knapper.

16

Eines Tages, ziemlich spät, etwa um halb sechs Uhr, kommt er in mein Zimmer und sagt: „Katharina, könntest du vielleicht diesen Akt erledigen?" Ich schaue ihn an: „Das ist etwas ganz Neues!" Es ist das erste Mal, daß er meinen Vornamen ausspricht und mir kommt vor, er tut es ganz genüßlich. Es klingt, als hätte er diesen Satz geübt, bevor er in mein Zimmer gekommen ist. Er steht verlegen vor mir. Er weiß anscheinend nicht, was er reden soll und ich weiß es auch nicht. Er tut dann ganz geschäftig und erklärt mir, was bei dem Akt zu erledigen ist, dabei duzt er mich. Ich sage ihm, daß ich der Meinung bin, daß wir stillschweigend übereingekommen sind, uns hier so zu behandeln, als wäre nichts zwischen uns gewesen. Er steht mir gegenüber auf der anderen Seite des Schreibtisches und ordnet Aktenstöße, macht sie schön viereckig. Später habe ich festgestellt, daß er das immer macht, wenn er nervös ist. Er richtet die Aktenstöße dann so, daß sie auf allen Seiten ganz glatt abschließen, daß kein Blatt auch nur einen Millimeter vorsteht, daß kein Akt etwas verschoben liegt. Dasselbe macht er dann mit den Papieren, die auf dem Schreibtisch liegen. So steht er also vor meinem Schreibtisch und macht lauter ordentliche viereckige Haufen. Schließlich sagt er: „Die Situation ist so neu für mich, es ist so überraschend für mich, daß du so ohne weiteres zur Tagesordnung übergegangen bist." Nun wendet er sich wieder den Aktenstößen zu. Die Kanten sind schon so akkurat, daß es nicht mehr besser geht. Aber das Telephon steht noch schräg. Er stellt es gerade, parallel zur Tischkante. Nun ist wirklich nichts mehr zu ordnen. „Es ist die Situation wirklich neu für mich", wiederholt er. Ich weiß nicht, was er damit meint und sage nur, daß ich das schon gehört habe und daß diese Situation auch für mich neu ist. Dann erklärt er mir wieder etwas bezüglich des Aktes. Inzwischen hätte das schon der Dümmste verstanden. Dann sagt er: „Auf Wiedersehen!" und ist weg.

Ich war durcheinander, wußte nicht, was sein Besuch zu bedeuten hatte. Was wollte er mir sagen? Was wollte er mir mit dieser Aussage mitteilen? Wollte er mir überhaupt etwas mitteilen? Ich überlegte, ob ich ihn fragen sollte. Aber ich hatte nicht den Mut, in sein Zimmer zu gehen. Vielleicht saß Kant oder Vogelweider in der Bibliothek und ich mußte durchgehen und dann fragen sie mich wieder, was ich im Zimmer von Schöner zu suchen hätte. Ich traute mich auch nicht, ihn anzurufen. Womöglich sitzt Kant in seinem Zimmer und dann weiß er nicht, was er reden soll. Ich bin lieber ruhig. Wieder hämmerte es in meinem Kopf. Katharina, sei klug, Männer gibt es genug, Arbeitsplatz hast du nur einen, sei ruhig, halte dich zurück. Wenn er dir etwas sagen will, so wird er schon kommen, wahrscheinlich weiß er selbst nicht, was er will. Du wirst ihm nur lästig fallen. Sei lieber ruhig.

In der nächsten Zeit wurde mein Kontakt zu ihm immer verkrampfter. Wenn wir miteinander redeten, vermied er die Anrede, schaute mich nicht an, war verlegen. Einmal traf ich ihn am Gericht. Ich ging gerade um die Kurve, da kam er mir entgegen, und wir stießen fast zusammen. Wir standen da und starrten einander an. Er und ich, beide wußten wir nicht, was wir sagen sollten. Zu meinem Ärgernis verspürte ich, wie ich einen roten Kopf bekam. Wie ich mich hasse für dieses Rotwerden! Schon in der Schule habe ich mich dafür so geschämt. Da kann man sich noch so sehr denken: Blut fließe hinunter, Blut fließe hinunter!, das Blut steigt immer höher. Es füllen sich die Wangen, das Gesicht füllt sich mit Blut. Man kann nur so tun, als müßte man sich gerade unbedingt die Nase putzen oder sonst irgendwie im Gesicht herumfummeln. Mit der Zeit bekommt man dafür eine gewisse Routine. Von meinem Gesicht war zum Glück nicht viel zu sehen. Da meine Augen gegenüber

Luftzug empfindlich sind, trug ich eine große, getönte Brille. Die gekräuselten Haare hingen mir tief in Stirn und Schläfen, bis über die Wangen. Wenn ich mir die Nase putzte, konnte ich mit dem Taschentuch das ganze übrige Gesicht verdecken. Das tat ich nun, als ich mit Schöner dastand. Er stammelte dann, daß die Fortbildung gestern sehr interessant gewesen sei, ich sagte, daß ich es nicht so besonders interessant gefunden hätte. Ich konnte mich in dem Moment überhaupt nicht erinnern, um was es gegangen war. Er meinte dann, daß er jetzt wieder an die Arbeit gehen müsse. So gingen wir auseinander.

Etwa zwei Wochen lang spielten sich unsere Treffen in dieser Art ab. Immer, wenn wir uns auf der Straße oder im Gerichtsgebäude oder auch in der Kanzlei trafen, stammelten wir nur. Ich sagte immer „Sie" zu ihm, er vermied die Anrede. Das Ganze war mir unangenehm. Ich nahm mir vor, ein klärendes Gespräch zu führen.

Eines Tages war die Situation günstig. Ich mußte ein Buch zurückstellen, welches ich aus seinem Zimmer geholt hatte. Er war allein, und wieder war er übertrieben höflich. Auf mein: „Entschuldigen Sie die Störung, ich möchte nur das Buch zurückstellen", sagte er beflissen: „Aber bitte, bitte, ja bitte." Ich hatte das Gefühl, daß er sagen wollte: „Ja bitte, Frau Kollegin", und sich dies noch im letzten Moment verkniffen hatte, weil er ja überhaupt die Anrede vermeiden wollte. Fehlt noch, daß er aufspringt und eine Verbeugung macht, dachte ich bei mir. Ich stellte das Buch zurück und wandte mich zu ihm: „So geht das nicht weiter. Ich merke, daß du die Anrede vermeidest und dich mir gegenüber völlig verkrampft verhältst. Ich glaube, wir müssen einmal Tachles reden." Schöner riß die Augen auf und strahlte über das ganze Gesicht. „Wir können ja einmal zusammen Essen gehen?" „Na gut. Wann?" – „Morgen abend?" Ich sagte zu.

Er holt mich ab und will mich in irgendein besonderes Lokal am Klosterberg einladen. Wir fahren hin. Es ist Ruhetag. Er weiß noch so ein besonderes Lokal außerhalb der Stadt. Zwar habe ich keine große Lust, so weit zu fahren, sage aber nichts. Auf der Fahrt macht er wieder Konversation. Diesmal sind es Witze, uralte. Ich muß überhaupt nicht lachen. Das bringt ihn noch mehr aus dem Konzept. Die Witze werden immer schwächer. Als er keine mehr weiß, fragt er mich, was ich gerne esse. Ich sage ihm, daß ich jetzt auch Gras essen würde vor Hunger. Endlich sind wir in seinem tollen Restaurant angekommen. Ruhetag. Ich sage ihm, daß er mich vielleicht verarschen will und daß ich keine Lust habe, mitten in der Nacht eine Überlandpartie zu machen und daß mir ein Essen am Würschtelstand lieber gewesen wäre und daß mir die feinen Restaurants überhaupt gestohlen bleiben können. Inzwischen ist es zehn Uhr und ich bin hungrig wie ein Wolf. Er fährt zum nächsten Restaurant, das war geöffnet, aber die Küche ist schon geschlossen. Ich bin sauer. Wenn er mich schon in so ein nobles Lokal einladen will, dann soll er vorher wenigstens reservieren lassen. Wir fahren weiter. Er hält vor dem Restaurant Steiner. Es brennt Licht. Er geht voraus und ich glaube, er hätte dem Kellner jeden Betrag in die Hand gedrückt, damit wir noch zu essen bekommen. Jedenfalls können wir essen.

Also fange ich an, mit ihm Tachles zu reden: ,,Warum benimmst du dich so verkrampft wie ein Mittelschüler, der seiner Tanzschulpartnerin begegnet?" Er wird verlegen: ,,Ich weiß es auch nicht, es ist mir sehr peinlich ... aber ..." ,,Was aber?", frag' ich ihn. Er schweigt und windet sich. Ich insistiere: ,,Was aber? Sag' schon! Wir sind hierher gekommen, um darüber zu reden, also sag'! Was soll dieses alberne Getue? Was heißt dieses ,aber'? Was aber?" Er widmet seine ganze Aufmerksamkeit seinem Steak. Am liebsten würde ich ihn bei den Schultern packen und ihn schütteln und sagen: ,,Spuck' schon aus! Was ist?" Endlich legt er Gabel und Messer weg, wischt sich den Mund ab und wendet sich zu mir: ,,Jetzt komme ich mir aber wirklich wie ein sechzehnjähriger Mittelschüler vor. Ich weiß nicht, wie ich es dir sagen soll. Ich weiß nicht, wie ich es dir sagen soll, daß ich dich mag."

Ich bin gerührt. Ohne zu sprechen fahren wir dann zurück. Ich habe den Kopf an seine Schulter gelehnt und halte seine Hand. Markus ist noch auf. Er sitzt in der Küche beim Fernsehen. Schöner bleibt im Vorzimmer stehen, und ich stelle ihn vor. Markus sagt: ,,Hallo". Hallo sagt er immer, wenn er nicht weiß, ob er zu jemandem Du oder Sie sagen soll, und ich finde das ziemlich gut. Er sagt einfach nur so lässig Hallo und kümmert sich nicht viel um uns. Schöner steht da und ist so verlegen, wie ich noch nie jemanden verlegen gesehen habe, so als würde er am liebsten in den Erdboden versinken. Indem ich ihn frage, was er trinken will, versuche ich, das zu überbrücken. Dabei denke ich mir: Steh' doch nicht da wie ein Ölgötze und schau' doch nicht drein wie ein Karpfen. Was ist denn so Besonderes, daß du so verlegen sein mußt? Mutter bringt um Mitternacht fremden Mann in die Wohnung. Sohn wird Zeuge. Bitte rühr' dich doch.

Endlich kriegt er wieder etwas Farbe im Gesicht und bewegt sich. Er fragt Markus, in welche Schule er gehe und Markus antwortet wie immer, höflich, aber kurz, und widmet seine Aufmerksamkeit dann wieder dem Fernseher. ,,Komm', wir gehen hinauf in mein Zimmer." – ,,Wir können doch auch hier unten im Wohnzimmer bleiben." – ,,Nein, da ist es zu kalt, es ist nicht geheizt. In meinem Zimmer ist es warm. Komm', wir gehen hinauf!" Er stammelt noch irgend etwas wie: ,,Aber wir können doch nicht ..." – ,,Doch, doch, mach' dir keine Gedanken, das ist bei uns so üblich, weil es im Wohnzimmer immer so kalt ist." Wir gehen in mein Zimmer und von dort aus auf die Terrasse. Es ist ein sternenklarer Himmel. Er nimmt mich fest in die Arme und flüstert mir ins Ohr: ,,Katharina, ich bin verrückt nach dir." Ich lasse mich in seinen festen, weichen, warmen Körper fallen.

Zu diesem Zeitpunkt hatte ich noch das Gefühl, meine Beziehung zu Schöner völlig in der Hand zu haben, ein bißchen verliebt, na und. Verliebt in so einen, naja. Das wird nicht lange anhalten, ich will es genießen.

17

Die Verhandlung Stricker. Unsere Mandantin hatte Waren geliefert, und der Gegner hatte sie nicht bezahlt. Also das Übliche. Unüblich war nur, daß der Mann auch noch zudringlich geworden war.

Der Gegner war ein alter Herr mit Lodenmantel, man sah ihm an, daß er ein alter Lustmolch war. Den Richter konnte ich nicht ausstehen. Ich trug den Sachverhalt vor. Als ich zu Ende gesprochen hatte, fing der Richter mit seinem üblichen Gefasel bezüglich Vergleich an. Ich sagte ihm, daß wir nicht bereit wären, einen Vergleich zu schließen. „Aber Frau Doktor, das ist eine völlige Verkennung der Wirtschaftslage. Es gibt Gläubiger, die nie ihr Geld bekommen. Sie wissen anscheinend nicht, wieviele Insolvenzen es gibt. Das ist eine Realität, Frau Doktor! Es beruht wohl auf einer Unerfahrenheit, wenn Sie so stur sind. Ich glaube, ich muß Sie über die wahre Wirtschaftslage aufklären." Ich war von den Socken. Das traut sich der zu sagen. Ich sagte: „Sie scherzen wohl, Herr Rat, anders kann es nicht sein."

„Ich scherze nicht, Frau Doktor, Sie verkennen die Realität. Ich weiß nicht, wie lange Sie schon in diesem Beruf sind, aber, wenn Sie noch eine Weile arbeiten, dann werden Sie das schon noch erkennen. Daß es Gläubiger gibt, die nie zu ihrem Geld kommen. Sie sollten froh sein, daß Sie für ihre Mandantschaft einen Teil des Geldes bekommen. Machen Sie doch einen Vergleich! Ich schlage vor: auf einer Basis von zwei Drittel zu einem Drittel."

„Herr Rat, es tut hier überhaupt nichts zur Sache, ob andere Gläubiger ihr Geld bekommen oder nicht und ebenso ist es mit der Anzahl der Insolvenzen. Ich schließe keinen Vergleich und das ist mein letztes Wort. Ich möchte das haben, was uns zusteht."

Er lachte: „Die Frau Doktor will vielleicht ein Urteil haben! Na gut, das können Sie haben. Vielleicht in einem Jahr, vielleicht in zwei Jahren. Einen Vergleich, einen Vergleich aber haben Sie sofort."

Das war zuviel. Ich stand langsam auf und schaute ihm scharf in die Augen: „Herr Rat, was Sie hier betreiben ist Rechtsverweigerung." Das hat gesessen, er war ruhig. Mir war klar, daß ich die Situation ausnützen mußte. In einem Atemzug sagte ich zum Rechtsanwalt der Gegenseite: „Aber damit Sie unseren guten Willen sehen, wir sind bereit, einen Vergleich zu schließen. Wir verlangen nicht zwölf Prozent Zinsen, sondern nur zehn Prozent. Also den Klagebetrag zuzüglich zehn Prozent Zinsen und der Vergleich ist perfekt. Sind Sie einverstanden?" Er stimmte zu. Ich freue mich.

Ich habe es mir inzwischen schon längst abgewöhnt, jemandem etwas zu erzählen. Als ich in die Kanzlei zurückkomme, gehe ich sofort in mein Zimmer und mache meine Arbeit. Am Nachmittag teilt man mir mit, daß Blumen für mich gekommen sind. Ich gehe hinauf ins Sekretariat. Da steht ein prachtvoller Blumenstrauß und ein Brief ist auch dabei. Von Frau Stricker. Sie schreibt, daß ihr meine Art der Prozeßführung gefallen habe. Ich strahle. In diesem Moment kommt Vogelweider aus seinem Zimmer, sieht die Blumen und ich erzähle ihm, daß ich sie von Frau Stricker bekommen habe. Erst jetzt fragt er mich nach dem Prozeßausgang. – ,,Na also, das freut mich, das freut mich." Nun biegt Kant um die Ecke und sagt: ,,Frau Stricker hat mir mitgeteilt, daß Sie den Prozeß ganz großartig geführt haben, und auf die Meinung von Frau Stricker halte ich sehr viel, weil sie eine sehr intelligente Frau ist."

Ich tue so, als würde mich das nicht berühren, sage nur etwas schnippisch: ,,Natürlich habe ich den Prozeß großartig geführt. Ich führe doch jeden Prozeß großartig, das ist eine klare Sache." Dann drehe ich mich um, damit er nicht sehen kann, wie sehr ich mich freue.

Die Blumen nehme ich mit in mein Zimmer. Brunnhuber kommt herein. Er sieht die Blumen, schaut groß und fragt, woher ich sie habe. Ich erzähle ihm die Sache. Er sagt: ,,So freundlich wie zu dir war Kant noch zu niemandem. Er und Vogelweider sind so freundlich zu dir, dir geht es gut!"

Ich mache ihn darauf aufmerksam, daß ich die Blumen nicht von Kant oder von Vogelweider bekommen habe, sondern von einer Klientin. Er redet weiter: ,,Wie ich neu war, hat mit mir niemand so geredet. Ich bin in der ersten Zeit nur zusammengeschissen worden."

Offensichtlich fühlt er sich geprellt. Er hat wohl Anspruch darauf, daß ich als die Neue genausoviel und oft zusammengeschissen werde wie er, als er neu war. Er hat wohl das Recht, daß ich zwei Jahre lang zur Schnecke gemacht werde und daß er sich das anschauen kann. Er hat wohl das Recht, daß Kant nicht freundlich zu mir ist und daß ich nicht womöglich auch noch Blumen bekomme von einer Klientin.

Ich mußte an den Aprilscherz denken. Johannes, der vorher hier war, schrieb einen Zettel, der aussah wie die Zettel, die Kant schrieb. Dieser Zettel beauftragte Brunnhuber, eine Grundbucherhebung durchzuführen, und zwar hinsichtlich eines Grundstückes, das es gar nicht gab. Brunnhuber ging sofort eilig mit dem Zettel zum Gericht, um es nur ja gleich zu erledigen. Ein Auftrag von Kant persönlich! Brunnhuber blieb eine Stunde weg, er blieb zwei Stunden weg. Johannes wunderte sich. Wo blieb er nur so lange? Er mußte doch längst zurück sein. Er mußte doch längst gemerkt haben, daß es sich um einen Aprilscherz handelte. Johannes ging zum Gericht in die Grundbuchabteilung, um ihn zu suchen. Da saß er, schwitzend, rot im Gesicht und hatte Berge von diesen dicken Grundbüchern vor sich und neben sich liegen und suchte wie verrückt. Johannes ging zu ihm und schrieb auf den Zettel, der angeblich von Kant war: ,,Erster April". Brunnhuber nahm den Zettel, schaute entsetzt darauf: ,,Bist du blöd, du kannst doch nicht einfach auf den Zettel von Kant etwas draufschreiben!" Er nahm schnell einen Radiergummi und radierte fein säuberlich das ,,Erster April" aus. Erst als Johannes den Zettel in kleine Fetzen zerriß und sagte: ,,Dieser Auftrag ist nicht von Kant, sondern von mir!" fiel bei Brunnhuber der Groschen.

18

Eines Nachmittags holte ich mir Formulare aus dem Sekretariat. Ich fragte Frau Liesl, wo die neue Lieferung denn sei. Da kommt Kant vorbei und fragt, was ich hier zu reden habe. Ich weiß überhaupt nicht, was er meint und schaue ihn blöd an. ,,Was haben Sie hier zu reden?" Ich bin so verwirrt, daß ich sage: ,,Ich muß mit Frau Liesl etwas besprechen." Das sieht er ja ohnehin, aber er wartet meine Erklärung gar nicht ab, sondern geht weiter. Frau Liesl dreht sich in dem Moment, als Kant das sagt von mir weg und tippt nun heftig in ihre Maschine. Es war, als hätte er uns tatsächlich beim unerlaubten Schwätzchen erwischt.

Mir fiel die Geschichte ein, die uns Kant auf dem Betriebsausflug erzählt hatte. Er arbeitete früher bei der Finanzprokuratur. Sein Dienst begann um acht. Er war immer pünktlich, setzte sich sofort, wenn er kam, in den großen Ohrensessel und schlief auf der Stelle ein. Bis zwölf Uhr mittags schlief er dann. Von einem Kollegen ließ er sich telephonisch wecken, um mit ihm zum Mittagessen zu gehen. Das machte er über ein Jahr lang. Seine Frau, die damals noch seine Freundin war, wohnte in Linz, und er fuhr jede Nacht zu ihr und am frühen Morgen wieder zurück. Als Staatsangestellter fuhr er mit der Bahn gratis. So schlief er sich also am Arbeitsplatz aus. Es war eigentlich erstaunlich, daß Kant nicht öfter in unsere Zimmer kam, um nachzusehen, ob wir schliefen.

19

Im Sekretariat lag ein großes Buch, in welchem sämtliche Verhandlungen und Fristen eingetragen waren. Dieses Buch war eine zentrale Stelle in der Kanzlei. Kant ging zu dem Buch. Schöner stand nicht weit weg davon und beschäftigte sich mit etwas anderem. Kant fragte, wer denn die Sache XY bearbeite. Schöner ging zu dem Buch, schaute hinein und sagte, daß er sie bearbeite. Ich hatte das Gefühl, als hätte ich den Namen dieser causa schon einmal gehört. Der Name kam mir verdächtig bekannt vor. Dann fragte Kant weiter, ob die Sache schon substituiert worden sei, da doch die Verhandlung übermorgen in Bregenz stattfinde. Schöner sagte, daß dies schon organisiert worden sei. Die Sache war mir nicht ganz geheuer. Kant ging befriedigt weg. Schöner stellte sich ganz nah neben mich und flüsterte in verschwörerischem Ton: ,,Der Akt wird von dir bearbeitet, bring' ihn mir, ich ruf' gleich einen Anwalt in Bregenz an."

Schöner hatte somit angenommen, ich hätte vergessen, die Sache zu substituieren. Das war zwar richtig, aber warum nahm er es an? Warum kommt er nicht zu mir und fragt mich, ob ich es substituiert habe? Er nimmt an, daß ich es vergessen habe. Ich schäme mich, nicht weil ich es vergessen habe, sondern weil er mich in Schutz genommen hat. Ich will sagen: „Du sollst mich nicht in Schutz nehmen. Wenn ich etwas falsch gemacht habe, dann kann ich es auch vertreten. Ich kann wohl zu Kant sagen, daß ich es vergessen habe und sofort tun werde. Ich habe ungefähr hundert Akten zu bearbeiten, ich bin der Meinung, daß das für eine Anfängerin zu viel ist." Das will ich sagen, tue es aber nicht. Ich bringe den Akt zu Schöner ins Zimmer und sage leise: „Danke".

20

In der nächsten Kanzleifortbildung sollte ich über eine Entscheidung, das eheliche Gebrauchsvermögen betreffend, referieren. Der Sachverhalt war der, daß ein Mann formal Mieter einer Wohnung war, in welcher er zunächst mit Frau und Kindern wohnte. Im Zuge der Ehescheidung hatte er nun den Mietvertrag aufgelöst und Vorkehrungen getroffen, daß die Frau den Mietvertrag zu den selben Bedingungen für sich selbst abschließen konnte. Meiner Meinung nach war der Mann damit seiner gesetzlichen Pflicht nachgekommen. Der Oberste Gerichtshof war anderer Meinung. Er hat so entschieden, daß dem Mann aufgetragen wurde, weiterhin zu mieten, in eigenem Namen, aber de facto für die Frau, er selbst wohnte ja nicht mehr dort.

Ich trug zuerst das Urteil und die Urteilsbegründung vor und führte dann meine Rechtsmeinung aus: „Die Verurteilung des Mannes zum Abschluß des Mietvertrages ist meiner Meinung nach zu Unrecht erfolgt." Kaum hatte ich diesen Satz zu Ende gesprochen, stand Brunnhuber auf, lautstark und schnaubend und rief: „Das ist dummes Emanzengeschwätz!" Ich war starr vor Schreck. Alle lachten laut. Ich war sprachlos, wie gelähmt.

Was ist los? Was geht hier vor? Was fällt ihm ein? Warum sagt keiner: ,,Herr Doktor Brunnhuber, mäßigen Sie sich!" Warum hat er das gesagt? Vogelweider will anscheinend die Situation retten. In väterlich-belehrendem Ton wendet er sich mir zu: ,,Frau Kollegin, Sie müssen sich folgenden Fall vorstellen: Eine Frau, die immer im Haushalt tätig war, die sich nie mit derartigen Dingen beschäftigt hat. Es wird wohl dieser Frau nicht zumutbar sein, nun selbst einen Mietvertrag abzuschließen. Dies wird wohl Angelegenheit des Mannes sein." Ich denke mir: Auch wenn Sie noch so bedeutend und langsam sprechen, wird das nicht klüger, was Sie hier sagen. Merken Sie denn nicht, daß Sie hier genau das vertreten, was ich als frauenfeindlich darstellen will? Das arme Hascherl, das bisher nur in der Küche gestanden ist, das kann doch nicht plötzlich selbst einen Mietvertrag unterschreiben. Brunnhuber hätte ich gerne gesagt, daß er so dumm ist, daß er nicht einmal eine Ahnung hat, wovon ich rede. Aber ich wollte nicht so etwas Primitives erwidern, und etwas Gescheites fiel mir nicht ein. Also saß ich da, innerlich kochend vor Wut und schwieg.

Wieso lasse ich es mir gefallen, coram publico so beschimpft zu werden? Coram publico, vor vier Männern, sagt er mir: ,,Du mit deinem dummen Emanzengeschwätz!" Und keiner sagt ihm, daß er den Mund halten soll. Sie lachen statt dessen! Sie lachen! Wenn ich Brunnhuber sagen würde, daß er mit seinem dummen Geschwätz Schluß machen soll, würde keiner lachen. Ich kann mir nicht vorstellen, daß auch nur einer lachen würde.

Nachher gehe ich zu Brunnhuber in sein Zimmer und sage ihm, daß dies keine Art sei zu diskutieren und daß er dies in Zukunft unterlassen solle. Er ist wieder ganz unterwürfig und beteuert, daß es ihm leid tue. Er habe es nicht so gemeint. Ich konnte nicht darauf eingehen, ich war zu verärgert, verließ einfach sein Zimmer und knallte die Tür hinter mir zu. Im Gehen hörte ich noch wie er sagte: ,,Mimose!"

21

An einem Vormittag kommt Schöner in mein Zimmer. Es ist zwanzig vor zehn und ich weiß, daß er um zehn bei einem Seminar sein muß. Er hat also höchstens zehn Minuten, um mit mir zu reden. Schöner trägt einen gelben Pullover, ganz nach der neuesten Mode, aus feinster Kaschmirwolle, dazu passend ein Hemd mit gelben Streifen, die Krawatte Ton in Ton. Muß wieder alles ein Vermögen gekostet haben. Mit seinen schwarzen Haaren und seinem dunklen Teint ist er der reinste Luxus-Papagallo. Er geht vor meinem Schreibtisch auf und ab: „Weißt du ... ich war gestern Tennis spielen ... da hab' ich mir so gedacht ... es gibt doch nichts Schöneres, als mit einer charmanten Frau den Abend zu verbringen ... Ich möchte dich fragen, ob du heute abend Zeit hast." Ich sitze hinter meinem Schreibtisch und schaue ihn an. Ist das ein Scherz? Mir kommt der Verdacht, daß es keiner ist. Er sagt: „Wirklich, es gibt nichts Schöneres, als mit einer aufreizenden Frau zusammen zu sein." Ich sage nur: „So!" Er schaut auf die Uhr: „Du, ich habe nicht viel Zeit, sag', ob du am Abend kannst oder nicht." Ich sitze da mit verschränkten Armen und blitze ihn an: „Raus!"

Kurz vor Büroschluß kommt er wieder in mein Zimmer. Er bleibt in der Tür stehen und schaut mich an: „Ich schäme mich so." Wo ist der Tennisplatz-Feschak von vorhin geblieben? Mit eingezogenem Kinn, hängenden Schultern, losgelassenem Bauch unter Kaschmirwolle steht er da und sagt: „Ich schäme mich so, ich habe mich den ganzen Tag so geschämt, es ist mir erst nachher aufgefallen, wie blöd ich geredet habe."

Ich war überrascht von seiner Einsicht. Das hatte ich nicht erwartet. Der lucidum intervallum! Der lucidum intervallum wurde mir zum Rätsel.

Wir gehen zusammen nach Hause. Er sagt mir, daß sich für ihn eine neue Welt eröffnet habe: „Alles ist plötzlich anders. Ich sehe alles anders. Du hast mir eine neue Welt aufgetan." Wir gehen am Fluß entlang durch den Stadtpark. Es ist ein warmer Herbstabend. Wir setzen uns auf eine Bank. Überall liegt buntes Laub. Zwei Sandler gehen vorbei, und einer fragt mich nach einer Zigarette. Ich greife in die Tasche und will ihm das Päckchen geben, weil ich ohnehin zu Rauchen aufhören will. Da sagt Schöner scharf: „Wir haben keine Zigaretten!" Der Sandler geht schnell weg und murmelt irgend etwas. Ich will ihm noch nachrufen: „Hallo! Ich habe welche!", lasse es aber. Ich wende mich an Schöner: „Warum tust du das?" – „Warum soll ich dem etwas schenken?" – Mir bleibt die Spucke weg. Der harte Ton in seiner Stimme erschreckt mich. Mir fällt mein Vater ein. Wir sitzen beim Abendessen auf der Terrasse. Ein Bettler kommt vorbei, bleibt am Zaun stehen und ruft: „Haben Sie nicht ein paar Kreuzerln für mich?" Mein Vater: „Machen Sie, daß Sie wegkommen!" Der Mann war anscheinend schwerhörig, denn er wiederholte seine Bitte. Nun fangen die Hände meines Vaters zu zucken an, er wird tiefrot im Gesicht, seine Augen quellen hervor. Er schreit so laut, daß sich seine Stimme überschlägt: „Verschwinden Sie, machen Sie, daß Sie wegkommen, oder ich hetze die Hunde auf Sie!" Ich bin zu Tode erschrocken. Der Mann beeilt sich, wegzukommen. Noch immer blutrot im Gesicht sagt mein Vater: „Der soll doch arbeiten, der soll arbeiten und nicht anständige Leute belästigen!"

Zu Schöner sage ich: „Warum du ihm etwas schenken sollst? Weil es für dd-di-dich über ... überhaupt keine Rolle ...", ich stottere vor Aufregung, „weil es für dich keine Rolle spielt, ob du ein paar Zigaretten weniger hast oder nicht. Du gibst fünfhundert Schilling für ein Abendessen aus. Wenn du mich einlädst, ist es dir egal, wieviel es kostet, du gibst fünfzig Schilling Trinkgeld, du, du, du ... Was du meinst, ist, der soll doch arbeiten. Das ist doch, was du sagen willst, der soll arbeiten! Du kennst seine Geschichte nicht, du weißt nichts von ihm, aber du spielst dich zum Richter auf!" Ich habe ihn angeschrien. Er wird blaß und sagt: „Katharina, hör' auf, hör' auf ..." Er schlägt die Hände vors Gesicht: „Ich kenne nur Menschen, die auch so reagiert hätten wie ich, ich kenne nur Menschen, die auch gefragt hätten, warum soll ich dem was schenken?" Wir gehen schweigend nach Hause.

22

Um acht Uhr früh ordne ich meine Akten und überlege, was in der Woche alles zu tun ist. Plötzlich sehe ich, daß um neun Uhr eine Räumungsexekution angesetzt ist. Ich habe vergessen, einen Lastwagen zu bestellen! Mir fährt der Schreck in die Glieder. Entsetzlich! Wenn das Kant erfährt. Mir zittern die Knie, ich habe Herzklopfen. Um neun Uhr ist Räumungsexekution. Es muß ein Möbelwagen her! Wenn der Abtransport nicht stattfinden kann, muß die Räumungsexekution abgesagt werden, es muß ein neuer Antrag gestellt werden. Das dauert mindestens sechs Wochen. Wie soll man das dem Mandanten erklären? Und wie soll ich das Kant erklären? Was soll ich tun? Wo kriege ich einen Lastwagen her? Es ist jetzt acht Uhr fünfzehn. Um neun Uhr ist der Termin. Einen Schlosser brauche ich auch noch, für den Fall, daß die Tür zugesperrt ist. Den kann ich vielleicht noch bekommen. Ich rufe an. Ein Glück, es ist einer frei. Um neun Uhr wird er dort sein. Aber wo bekomme ich einen Lastwagen her? Ich werde Schöner fragen. Er hat einen Freund, der ein Speditionsunternehmen hat. Vielleicht kann er etwas organisieren. Er steht gerade im Vorzimmer und redet mit Brunnhuber. Ich stelle mich neben Brunnhuber, warte ab, bis er fertig gesprochen hat und frage dann Schöner, ob ich ihn einen Moment sprechen kann. „Ja, natürlich" meint er. Wir gehen in die Bibliothek. „Um neun Uhr ist Räumungsexekution bei Morawetz und ich habe vergessen, einen Lastwagen zu bestellen. Kannst du nicht vielleicht einen organisieren? Du hast da doch Beziehungen, bitte versuch' es doch und ruf' an." Er nimmt wortlos den Akt, geht in sein Zimmer und telephoniert in seiner bestechend charmanten Art: „Ich begrüße Sie, Herr Kaiser, hier ist Schöner. Ich habe hier ein kleines Problem, wobei Sie mir vielleicht helfen können. Es geht um eine Räumungsexekution, die jetzt, um neun Uhr, stattfinden soll. Wegen eines Versehens in meiner Kanzlei wurde verabsäumt, einen Möbelwagen zu bestellen. Mir ist ja klar, daß es nun etwas knapp ist, aber ich bin überzeugt, Herr Kaiser, Sie können das

Unmögliche möglich machen und mir aus dieser Patsche helfen." So geschwollen müßte er nun auch wieder nicht reden, denke ich. Aber zum Glück kommt der Wagen. Ich reiße mir den Akt wieder unter den Arm, laufe zu meinem Auto und fahre los. Dort stehe ich dann stundenlang und passe auf, daß alles eingepackt wird. Seit einem Jahr hat der Wohnungsmieter seine Miete nicht bezahlt und lebt derzeit auf den Kanarischen Inseln. Viel hat er nicht mitgenommen. Von unzähligen Pornoheften angefangen bis zu alten Präservativen, die in einem Eck liegen, ist alles da. Endlich ist es geschafft. Am Nachmittag habe ich Verhandlung und sehe Schöner den ganzen Tag nicht.

Am Abend gehen wir zusammen nach Hause. Wir spazieren gemütlich durch den Stadtpark. Plötzlich fängt er an zu lachen: „Süß warst du heute in der Früh, wie du da so geschäftig gekommen bist und gesagt hast: Ich muß Sie sprechen. G'schaftig warst du. Zuerst habe ich mich so geärgert, daß ich geglaubt habe, ich werde wahnsinnig. Ich habe mich so über dich geärgert, daß du vergessen hast, den Lastwagen zu bestellen. Aber dann habe ich das einzig Richtige getan – ich habe den Wagen organisiert. Ich habe mir gedacht, es hat doch keinen Sinn, sich zu ärgern, ich muß jetzt ausbügeln, was du übersehen hast. Ich habe ja so lachen müssen über dich, wie du so aufgeregt herumgerannt bist. Richtig rote Wangerl hast du gehabt vor lauter Aufgeregt-Sein. So richtig g'schaftig warst du." Er lacht. Ich fühle, daß ich blaß werde. In meinem Kopf ist: Was gibt ihm das Recht, sich so über mich lustig zu machen, mich zu verspotten? Wie süß und herzig ich wäre, wenn ich mich so aufrege. Am liebsten würde ich weit ausholen und ihm eine kleben. Ich kann nichts sagen, gehe nur stumm neben ihm her. Was ich sagen könnte, wäre: „Verspotte mich doch nicht, ich kränke mich so, wenn du über mich lachst. Ich hatte solche Angst, daß Kant schimpft, daß die Mandantschaft verärgert ist. Verspotte mich doch nicht dafür, daß ich Angst hatte." Gerade das aber will ich nicht sagen, und so sage ich nichts. Inzwischen ist mir alle Farbe aus dem Gesicht gewichen, und ich gehe nur noch wie eine Marionette neben ihm her. Endlich sind wir bei mir zu Hause angekommen. Wir bleiben vor dem Haustor stehen. Wie wir uns verabschieden, sieht er mich an und bemerkt erst jetzt, was in mir vorgeht. Ich sage nur „Tschüs!" und gehe. Oben schmeiße ich mich aufs Bett und heule und heule. Ich weine vor Wut, haue mit den Fäusten auf den Boden und schreie: „Du Schwein! Du mieses, dreckiges Schwein!"

Zwei Stunden später ruft er mich an. Er ist betrunken, er möchte mich sehen. Ob wir uns im Klosterkeller treffen können. Zuerst sage ich, daß ich keine Lust habe, ihn zu sehen, dann komme ich aber doch. Er ist sternhagelvoll. Ich setze mich neben ihn. Er legt seine Arme um meinen Hals: „Katharina, ich liebe dich und es tut mir so weh, wenn ich merke, daß zwischen uns beiden etwas nicht stimmt. Ich liebe dich so sehr."

Wir gehen zu mir in die Wohnung, er hält mich in den Armen, ich weine. Er hält mich ganz ruhig, ganz fest an sich gedrückt, streichelt mich und flüstert immer wieder: „Mein Liebling, mein Liebling."

23

Dann kam die Abreise von Judith. Sie fuhr mit ihrem Renault, der bis oben hin voll bepackt war, nach Deutschland, wo sie studieren wollte. Ich winkte ihr nach, sah ihr Auto mit dem großen Anti-AKW-Aufkleber am Heck verschwinden. Ich habe vorher nicht richtig realisiert, daß sie abreisen würde, habe es immer irgendwie verdrängt, einfach nicht daran gedacht.

Ich saß in Judiths Zimmer an ihrem Schreibtisch und dachte nach. Besonders am Anfang, in den ersten Jahren, habe ich viel falsch gemacht. Habe so viel verdorben. Aus Dummheit und aus Sturheit. Wie sehr ich es bereue und wie sehr ich mir wünsche, ich könnte es noch einmal machen. Ich bin oft so lieblos mit ihr umgegangen. Ich war so oft ungeduldig mit den Kindern. Ich sah Judith vor mir, als kleines Kind, ihre großen blauen Augen, in ihrer Zartheit. Ich habe sie immer überfordert. Sie war immer die Große, und als Große mußte sie zu viel Verantwortung tragen für den Kleinen, für den Haushalt, für alles. Immer war sie die liebe, brave Judith, die alles gemacht hat. Viel später sagte sie mir einmal: ,,Ich will nicht die liebe, brave Judith sein!"

Judith. Mir war, als ob mir etwas abgeschnitten wurde. Ich saß da und es tat weh.

Es war schon fast zwei Uhr. Also putzte ich mir die Nase, wusch mir das Gesicht und fuhr in die Kanzlei. Beim Reingehen traf ich Vogelweider: ,,Sie wirken so gedrückt", sagte er. Ich erzählte ihm, daß Judith weggefahren sei. Er sagte: ,,Das ist schlimm, jaja, das kann ich verstehen." Er schaute kummervoll drein und wiederholte noch ein paar Mal: ,,Jaja, das ist schlimm." Er wußte nicht, was er sonst sagen sollte. Es war dumm, es ihm zu sagen. Was soll er denn schon dazu sagen? So auf der Stiege, in fünf Sekunden. Ich ging in mein Zimmer, setzte mich hinter den Schreibtisch und schaute vor mich hin. Jetzt, am Nachmittag, war nicht anzunehmen, daß jemand in mein Zimmer kommen würde, also ließ ich meinen Tränen freien Lauf, stützte den Kopf auf die Arme und weinte. Da kam Brunnhuber herein. Er blieb in der Tür stehen: ,,Was ist los?" Ich erzählte es ihm. Dann schluchzte ich wieder los, völlig hemmungslos und ohne mich zu genieren. Er stand noch immer in der Tür und schaute erschrocken, fragte: ,,Hast du vorher nicht gewußt, daß sie wegfahren wird?" – ,,Natürlich habe ich es gewußt. Aber wenn es dann soweit ist, ist es noch viel schlimmer", sagte ich heulend. ,,Du hast es gewußt und heulst trotzdem?" Ich antwortete nicht, sondern trocknete mir die Wangen. Eine Zeitlang war er ruhig. Er wirkte verwirrt. Dann sprach er wieder: ,,Verspürst du da so etwas wie ... was man nennt ‚Abschiedsschmerz'?" Er sagte es, als hätte er schon einmal davon in Büchern gelesen, als wollte er sagen: ,,Ich habe schon gehört, daß es so etwas gibt. Ich kenne einen, der hat es auch gehabt." Ich bat ihn, mich alleine zu lassen.

24

Für die nächste Kanzleibesprechung stand mir etwas bevor. Ich hatte ein Vergleichsprotokoll in mein Fach gelegt bekommen mit dem Vermerk „RS. K". „RS" hieß Rücksprache und „RS. K" hieß, daß Kant ein Hühnchen mit mir zu rupfen hatte. Es war ein für uns günstiger Vergleich. Was konnte Kant nur wollen? Was hatte ich falsch gemacht? Ich schaute mir die Sache noch einmal genau an. Rechtlich ging es um eine Vollmacht. An sich war das ein Rechtsgebiet, in dem ich mich ganz gut auskannte. In der Uni hatte ich einmal eine Arbeit darüber geschrieben. Ich studierte den Akt noch einmal genau durch. Ich konnte nichts Schlechtes daran finden.

Wie immer zittern mir die Knie, als ich zur Kanzleibesprechung gehe. Meine Hände sind feucht, und wie immer sage ich mir: Kopf hoch, halte die Ohren steif, Kopf hoch, halte die Ohren steif.

Ich sitze da, einen Stoß Akten vor mir und warte, bis ich drankomme. Jetzt bin ich an der Reihe. Ich wende mich an Kant: „In dieser Angelegenheit soll ich mit Ihnen Rücksprache halten." Mit bedeutender Miene setzt er sich die Brille auf, liest das Verhandlungsprotokoll, macht dabei die üblichen, fischartigen Mundbewegungen: „Wer hat denn hier die Vergleichsgebühr bezahlt?" Mir wird das Herz zu Stein. Vergleichsgebühr. Was ist die Vergleichsgebühr? Jaja, die Vergleichsgebühr, die gibt es, aber ich weiß nicht genau, was es ist. Wer zahlt sie? Wie? Wann? Wieviel? – Scheiße, das habe ich vergessen, nachzusehen. Ich denke mir, daß es jetzt nur mehr die Flucht nach vorne gibt. Beiläufig frage ich: „Was ist eigentlich die Vergleichsgebühr?" Kants Gesichtsausdruck wird starr. Seine Augen treten hervor. Es ist still, daß man eine Stecknadel hätte fallen hören. Brunnhuber hätte das ganz anders gemacht, er hätte gesagt: „Herr Doktor ... die Vergleichsgebühr ... Herr Doktor ... entschuldigen Sie meine Nachlässigkeit ... es ist ... ein Fehler von mir, nicht zu wissen ..." Ich sitze Kant genau gegenüber, verschränke die Arme, lehne mich zurück und schaue ihn an. In meinem Kopf: Ganz kühl bleiben, nichts reden, ihn nur ansehen. Er erwartet jetzt eine Entschuldigung. Er kann mich am Arsch lecken. Ich schaue ihn nur ganz kühl an. Mein Satz steht noch im Raum. So ein Satz wurde in diesem Raum noch nie gesprochen. Kant steht auf. Während er seinen

Sessel zurückschiebt sagt er: „Zur nächsten Kanzleibesprechung bereiten Sie ein Referat über die Vergleichsgebühr vor." Ich sage: „Gut, mach' ich, vielleicht könnte mir trotzdem einer sagen, was es ist." Kant verläßt den Raum. Betretenes Schweigen. Keiner sagt etwas.

25

Sechs Tage später, an einem Montag, gehe ich wieder meinen üblichen Heimweg mit Schöner: „Morgen ist Kanzleifortbildung. Hast du das Referat über die Vergleichsgebühr schon vorbereitet?" Er sagt das ganz eindringlich, in verschwörerischem Ton. Ich schweige. Ich bekomme ein flaues Gefühl im Magen. Er spielt also mit. Spielt noch immer mit, fragt mich, ob ich meine Strafaufgabe schon gemacht habe. Mit verschwörerischem Ton. Verschwört er sich mit mir? Wie soll ich ihm erklären, daß ich nicht will, daß er mitmacht? Er versteht es nicht. Er wiederholt: „Du, ich möchte dich doch nur erinnern. Ich möchte dir doch nur helfen. Ich will doch nicht, daß der Willi wieder so böse wird." Jetzt sage ich es ihm: „Ich brauche deine Hilfe nicht, du brauchst mich nicht zu warnen vor Kant. Und ich mache das Referat über die Vergleichsgebühr nicht, weil mir das viel zu dumm ist. Denn alles, was es darüber zu wissen gibt, kann man in einem Satz sagen: Es gibt eine gerichtliche und eine außergerichtliche Vergleichsgebühr, wobei erstere ein Prozent, zweitere zwei Prozent beträgt und, wenn nichts anderes vereinbart ist, zahlen die Parteien die Vergleichsgebühr je zur Hälfte. Das ist es, was darüber zu sagen ist und sonst nichts. Das hättet ihr mir damals wohl sagen können, anstatt so ein saudummes Theater zu machen. Ein Referat soll ich darüber halten! Und du unterstützt ja noch sein blödes Theater, merkst du denn nicht, daß du es damit unterstützt, wenn du mich fragst, ob ich es gemacht habe?" Er wiederholt: „Ich wollte dir doch nur helfen." Verständnislos schüttelt er den Kopf. Ich möchte sagen: „Du unterstützt das autoritäre Verhalten von Kant", er würde lachen und sagen:

„Das tue ich nicht, ich helfe dir doch." Mein Kopf ist wirr. Angst macht dumm.

26

Im Dezember hatte Schöner an einem Samstag in Wien zu tun, und wir verabredeten, das Wochenende dort gemeinsam zu verbringen. Es war unser erstes gemeinsames Wochenende. Markus fuhr ein Stück mit uns mit, er wollte jemanden besuchen. Schöner sprach mit Markus über die Schule. Er hatte seinerzeit dieselbe Schule besucht, in die Markus jetzt ging. Sie kamen auf Lehrer zu sprechen, auf Autoritäten, wie Lehrer sein sollten und wie sie nicht sein sollten. Schöner sagte von Hold, dem Klassenvorstand, er wäre „streng, aber gerecht". Markus und ich schwiegen. Schöner fühlte sich gemüßigt, seine Position zu erläutern: „Ein bißchen Zwang gehört schon dazu." Mir war das peinlich vor Markus. Das war genau das Gegenteil von dem, was ich immer vertreten hatte. Schöner sprach weiter: „Ohne Zwang geht es eben nicht." Ich dachte nur: Oh, halte doch die Klappe! Bitte! Es herrschte Schweigen. Peinliches Schweigen. Auch Schöner merkte das: „Ich habe das Gefühl, ihr laßt mich im Regen stehen, wie man so schön sagt." Eine Weile schwieg ich, antwortete dann aber: „Vielleicht hast du recht. Vielleicht sollte man darauf eingehen." Ich ahnte, was Markus dachte: Meine Mutter, die hat sich da aber einen merkwürdigen Komiker aufgegabelt. Die ist ja nicht ganz bei Sinnen. Was der für einen Stuß daherredet! Was macht die wohl mit dem Typ ein ganzes Wochenende lang? Meine Mutter, die immer so obergescheit gepredigt hat von dem „veralteten Schulsystem", vom „lustbetonten" Lernen, vom „Lernen gemäß den Bedürfnissen". Und da sitzt jetzt einer und faselt von Zwang und Gerechtigkeit. Warum konnte Schöner nicht die Klappe halten? Gleichzeitig bewunderte ich Markus. Er gab Schöner einfach recht und schwieg. Eine vernichtende Kritik war das für Schöner. Markus gab sich nicht einmal die Mühe, ihm zu widersprechen, ließ ihn einfach reden.

In Wien verbrachten wir einen schönen Tag. Am Samstag abend gingen wir durch die Stadt, tranken in einem Lokal Kognak und plauderten. Plötzlich sagt Schöner ohne ersichtlichen Grund: „Katharina, als ich damals heiratete, da heiratete ich aus abgrundtiefer Liebe zu meiner Frau. Jetzt habe ich dich kennengelernt.“ Dieses Wort „abgrundtief“. Wie kann man dieses Wort in Zusammenhang mit Liebe verwenden? Kann Liebe abgrundtief sein? Mir kommt vor, als hätte ich dieses Wort nur im Zusammenhang mit Haß gehört. Abgrundtiefer Haß. Ich weiß nicht, was er damit sagen will. Ein bißchen habe ich das Gefühl, daß er mir sagen will, daß er mich liebt. Fragend schaue ich ihn an, doch er sagt nichts. Er streichelt meine Hand und sieht mir liebevoll in die Augen. „Was willst du damit sagen?“ Er antwortet: „Ich hoffe, daß meine Frau nichts erfährt. Ich kann nur hoffen, daß sie keinen sechsten Sinn hat.“ Daß meine Frau nichts erfährt! – Wir verbringen ein Wochenende gemeinsam und er sagt mir, daß er hofft, daß seine Frau nichts erfährt! Warum sagt er mir das? Warum?

Ich trinke den Kognak in einem Zug aus und sage ihm, daß ich gehen will. Auf der Straße gehe ich nur neben ihm her. Alles in mir ist steif und leblos. Ich setze einen Fuß vor den anderen und nur die eine Frage ist in meinem Kopf: Warum sagt er mir das?

Wir essen in unserem Hotel zu Abend. Das Essen ist vom Feinsten und Edelsten, trotzdem kann ich kaum einen Bissen hinunterwürgen. Am liebsten würde ich ihm die Pasteten um die Ohren hauen, samt den Taubeneiern, Lachs und Damastservietten. Mir wird übel. Ich gehe auf die Toilette. Auch dort ist alles vom Feinsten. Das kalte Wasser im Gesicht tut gut, danach setze ich mich in den Fauteuil, der neben dem Waschbecken steht. Ich will nicht mehr zurückgehen, sondern ich möchte weg. Hinaus auf die Straße. Mir ist, als würde sich ein großes Loch unter mir auftun. Ich höre die Stimme meines Vaters: „Hübsch und dumm – und dumm fickt gut, hahahaha, hahahahaha?“ Das Gelächter meines Vaters. Ich fühle mich als Flittchen. Das Wochenendflittchen, das man in so ein Hotel ausführt, dem man teures Essen hineinstopft, das man dann ins

Bett mitnimmt. Man hofft, daß die Frau nichts erfährt. Er hat noch die Frechheit, mir das zu sagen: „Hoffentlich erfährt meine Frau nichts." Langsam fühlte ich mich etwas besser. Ich wasche mich noch einmal, mache mir so halbwegs ein Make-up zurecht und gehe wieder ins Restaurant. Inzwischen hat er schon seine Taubeneier und Ameisenwürmer hinuntergeschlungen. Als er mich ansieht, denke ich nur: Du blödes Schwein, du verstehst doch sowieso nichts. Was soll ich mit dir reden. Was noch auf meinem Teller ist, lasse ich stehen. Dafür trinke ich ein Glas nach dem anderen und rede überdreht und schrill.

Ich bin betrunken. Ich will ins Bett. Ich kann nicht mehr die Stiegen hinaufgehen. Eigentlich will ich auch gar nicht. Ich will ihm etwas zu Fleiß tun, also lasse ich mich mitten auf der Stiege fallen. Es ist eine große weite Freitreppe, die direkt vom Foyer in den ersten Stock führt. Ich weiß, er wird sich schämen. Und er soll sich schämen. Hotelgäste kommen und fragen besorgt, was denn los sei. Ein Engländer stürzt herbei: „Oh! What happened?" Schöner lächelt verlegen und stottert: „Nothing, nothing! Just fun, just fun!" Ich stelle mich tot. Mit Müh' und Not schafft er es, mich zu tragen. Wir begegnen Leuten und er beteuert immer wieder: „Just fun". Endlich im Zimmer, zieht er mich aus und es gelingt ihm irgendwie, mir den Pyjama anzuziehen. Dann im Bett legt er sich neben mich und dreht das Licht ab. Er kommt ganz nah zu mir, legt seine Arme sanft um meinen Hals und flüstert mir ins Ohr: „Katharina, ich weiß nicht, warum du weinst, Katharina, aber ich möchte dir doch so gerne helfen. Ich weiß, daß ich wenig verstehe. Vielleicht habe ich dich mit irgend etwas gekränkt, Katharina, es tut mir so leid, ich hab' dich so lieb."

Am nächsten Tag fuhren wir zurück. Ich war erschöpft, angespannt und durcheinander. Wir sprachen nicht sehr viel, aber wenn wir es taten, so waren es meist Streitgespräche. In fast allen Dingen vertrat er andere Positionen und es war so furchtbar anstrengend für mich, ihm meine Sicht der Dinge zu erklären. Mich ermüdeten diese Gespräche, ich konnte diese Gemeinplätze nicht mehr hören. „Einer muß der Bessere sein",

„Jeder kann es zu etwas bringen", „Diese Gleichmacherei im Sozialismus", „Es wird immer Tüchtige und weniger Tüchtige geben." Natürlich, natürlich wird es immer besonders Tüchtige und weniger Tüchtige geben. Fragt sich nur, was man damit anfangen soll. Er beharrte darauf, daß immer „einer der Bessere" sein muß. Ich hätte sagen können, daß es eben nicht so sei. Ich war des Diskutierens müde. Ich hatte ein Bedürfnis nach Ruhe.

Endlich waren wir zu Hause. Wir fuhren in die Stadt hinein und ich überlegte, wie ich es ihm sagen sollte. Ich mußte es ihm sagen. Wir hatten nur noch fünf Minuten Zeit, also sagte ich: „Ich glaube, daß jetzt der richtige Moment gekommen ist, es dir zu sagen. Ich möchte, daß wir unsere Beziehung beenden." Er reagierte nicht, fuhr nur plötzlich ganz fahrig, riß das Lenkrad hin und her, fuhr beinahe auf den Gehsteig, dann bei Rot über die Kreuzung. Mir kam vor, daß seine Hände zitterten.

Als er vor meiner Haustür einparkte, hätte er fast ein vorbeifahrendes Auto gerammt. Er schwieg noch immer. Ich stieg aus, nahm meinen Koffer und rief ihm „Servus" zu. Er blieb bewegungslos im Auto sitzen, ich ging. Wie ein Stein fühlte ich mich, als ich in mein Zimmer ging, um mich aufs Bett zu legen. Tausend Gedanken und Bilder schossen mir durch den Kopf. Ich sah mich in dem feinen Hotel sitzen, mühsam die Tränen zurückhaltend und eine der sündteuren Vorspeisen hinunterwürgen. Ich sah die Leute um mich herum, die sich so kultiviert im Plauderton unterhielten, sah mich im Spiegel, wie ich mir das Gesicht wusch und hörte das Gelächter meines Vaters. Ich sah mich auf der Treppe liegen, hörte Schöner sagen: „No, nothing. Just fun!" Sah mich im Bett liegen und fühlte, wie Schöner seine Arme um meinen Hals legte. Hörte seine Stimme: „Katharina, ich weiß, daß ich sehr wenig verstehe ..." Sah mich im Auto und hörte ihn reden: „Es wird immer Tüchtige und weniger Tüchtige geben, die Menschen, die sind eben nicht gleich."

27

Ich hatte mir zu Weihnachten zwei Wochen Urlaub genommen. Ich fuhr mit Markus nach Hause an den Altensee, auch Judith kam, wir waren alle zusammen. Ich hoffte, daß Schöner anrufen würde. Ich wollte ihn nicht anrufen, zu Hause nicht, weil seine Frau da war, und im Büro nicht wegen der Sekretärinnen. Doch er rief nicht an. Kurz nach Weihnachten bekam ich starke Schmerzen in der Brust. Der Arzt klopfte mich ab, ließ mich einatmen, ausatmen, husten. Offensichtlich sei ich eine ganz starke Raucherin, er erkenne das daran, weil ich trotz schwerer Bronchitis kaum hustete. Schließlich bekam ich noch Fieber und jeder Atemzug schmerzte. Ich lag im Bett, halb bewußtlos, mein Brustkorb war wie eine einzige offene Wunde. Manchmal tastete ich meinen Körper ab und fühlte nur Haut und Knochen. Seit ich bei Kant und Konsorten arbeitete, hatte ich fünf Kilo abgenommen. An der Brust konnte man vom Schlüsselbein abwärts jede Rippe sehen. Die Arme waren spindeldürr. So lag ich in meinem Bett und gab mich dem Siechtum hin. Kam jemand in mein Zimmer, so stellte ich mich schlafend. Läutete das Telephon, so hoffte ich, daß es Schöner sei.

Nach zwei Wochen wäre mein Urlaub zu Ende gewesen. Ich machte eine Krankmeldung. Ich hoffte, daß Schöner wenigstens jetzt anrufen würde, um sich nach mir zu erkundigen. Aber auch jetzt rief er nicht an. Inzwischen hatte ich beschlossen, gesund zu werden. Ich nahm mir vor, mit dem Rauchen aufzuhören. Die Vorstellung, Rauch in meine kranke Lunge zu lassen, war widerlich. Judith bat ich, mir ein Buch über „Körndlfressen" zu besorgen. Nun lag ich im Bett, las das Buch über biologisch-gesunde Ernährung und stellte mir vor, wie mich das Körndlfutter wieder gesund machen würde.

Judith und Markus gegenüber hatte ich ein schlechtes Gewissen, weil ich mich so gar nicht mit ihnen beschäftigte. Ich war geistig abwesend, dachte immer nur an Schöner und warum er nicht anrief. Es tat mir leid, daß ich mit meinen Gedanken nicht bei meinen Kindern sein konnte. Es tat mir weh. Ich war froh, daß sie bei mir waren. Ich war ihnen dankbar für ihre fröhliche Anwesenheit.

Nach etwa drei Wochen konnte ich wieder arbeiten. Als ich um acht Uhr ankam, brannte in seinem Zimmer noch kein Licht. Also setzte ich mich hinter meinen Schreibtisch und begann meine Arbeit. Jedenfalls versuchte ich es. Ich dachte nur an ihn. Endlich hörte ich jemand die Treppe zu meinem Zimmer herunterkommen. Es klopfte und schon stand er da, einen Blumentopf mit vierblättrigem Klee in der Hand. Er strahlte mich an, stellte den Blumentopf auf den Tisch und sagte: „Ich freue mich, daß du da bist." Ich ging um den Schreibtisch herum und umarmte ihn.

Am Nachmittag kam Vogelweider und überreichte mir das Buch, das ich schon zu Weihnachten hätte bekommen sollen. Es war ein Buch von Thomas Bernhard, für Vogelweider der ultralinkeste Autor, den er sich vorstellen konnte. Er hatte dieses Buch ausgewählt, das er mir nun feierlich als Päckchen überreichte. Mit einem goldenen Band war es zugeschnürt, daran hing ein Kärtchen. Er schüttelte mir lange die Hand und sagte: „Nachträglich wünsche ich Ihnen sehr frohe Weihnachten und ein gutes neues Jahr, Frau Kollegin! Ich habe mir lange überlegt, was ich auf die Weihnachtskarte schreiben soll. Zuerst wollte ich ‚Ich wünsche Ihnen viel Erfolg' schreiben, dann habe ich mir aber überlegt, daß dies nicht paßt. Wobei sollten Sie schon Erfolg haben. Dann wollte ich ‚Ich wünsche Ihnen viel Freude an der Arbeit' schreiben, aber dann habe ich mir gesagt, woran sollten Sie schon Freude haben. Daher habe ich dann einfach geschrieben: ‚Ich wünsche Ihnen eine frohe Weihnacht und ein gutes neues Jahr'."

Ich bedankte mich und beteuerte, daß ich mir dieses Buch schon immer gewünscht hätte. Vogelweider schüttelte mir noch einmal die Hand und ging.

„Wo sollten Sie denn schon Erfolg haben?" „Wobei sollten Sie denn schon Freude haben?" Was meinte er damit? Ich wußte, daß im Zimmer von Brunnhuber auch so ein in Weihnachtspapier verpacktes Unding samt Karte lag. Er war nicht da, also lief ich hinüber. Das Unding war ein Buch über die Lipizzaner, auf der Karte stand: „Ihre Einsatzbereitschaft möge Sie auch im nächsten Jahr begleiten." Aha!

Kant bat mich, in sein Zimmer zu kommen. Auch er wünschte mir noch nachträglich frohe Weihnachten und ein gutes neues Jahr. Dann machte er ein feierliches Gesicht und sagte, daß er sich entschlossen habe, den Konzipienten (er sagte tatsächlich: den Konzipienten) eine Gehaltserhöhung zukommen zu lassen, und zwar tausend Schilling monatlich. Er fügte hinzu: „Wir sind grundsätzlich mit Ihrer Arbeit zufrieden, nur in der Arbeitstechnik gibt's noch Probleme." „Und zwar welche?", fragte ich ihn. Darauf meinte er, daß ich ihm kürzlich doch selbst gesagt hätte, daß ich noch kein richtiges System in der Aktenbearbeitung gefunden hätte. Das war richtig. Tatsächlich hatte ich dies einige Wochen vorher einmal erwähnt. Ich sagte: „Dann ist es also nicht Ihre Wahrnehmung, sondern nur die Wiedergabe meiner Aussage, wenn ich es richtig sehe." „Ich kann dazu nichts Genaues sagen, weil ich zu wenig über Ihre Arbeit informiert bin." „Ach so!" Dann fragte er mich, ob ich noch etwas zur Arbeitssituation zu sagen hätte. Das überraschte mich. „Wohl habe ich etwas zu sagen. Ich empfinde das Arbeitsklima als äußerst repressiv. Ich bin überhaupt nicht zufrieden. Außerdem lassen die Umgangsformen sehr zu wünschen übrig."

„Es ist eben leider so, daß der Abstand zwischen den Konzipienten und mir immer größer wird. Mein Wissensstand wird immer höher und die Konzipienten wechseln immer wieder, dadurch wird das Wissensgefälle zwangsläufig immer größer."

Ich sagte ihm, daß sein Wissen und seine Autorität auf juristischem Gebiet unbestritten seien, daß es gerade deshalb für ihn nicht notwendig sei, dermaßen repressiv zu agieren. Er meinte, daß es leider so sei, daß Rechtsanwälte mehr wissen als Konzipienten. Er fügte noch hinzu: „Aber ich gebe Ihnen ja ohnehin die Möglichkeit zu lernen und sich weiterzubilden, es steht Ihnen eine Bibliothek zur Verfügung. Ich wüßte nicht, was ich sonst noch für die Konzipienten tun könnte."

Ich gab nicht auf: „Alles, was Sie jetzt gesagt haben, ist richtig, geht jedoch gänzlich am Thema vorbei. Dies alles hat nichts, rein gar nichts damit zu tun, daß Sie die Konzipienten immer wieder coram publico auf eine herabwürdigende Weise schulmeistern und kritisieren."

„Aber Frau Kollegin, das ist doch alles nicht persönlich gemeint."

„Was soll das heißen: ‚Es ist nicht persönlich gemeint'? Ich kann damit nichts anfangen! Sie reden doch nicht mit dem Stuhl, auf dem ich sitze, sondern mit mir! Was ist es denn sonst, wenn nicht persönlich gemeint?"

„Frau Kollegin, schauen Sie. Ich habe Ihnen das schon früher erklärt. Es gehört zur Ausbildung. Diese Härte müssen Sie lernen. Wenn Sie das nicht aushalten, dann sind Sie im falschen Beruf. Man muß lernen, sich zu wehren, die Richter gehen ja auch nicht gerade zimperlich mit einem um."

Ich entgegnete ihm: „Es ist ein Zynismus von Ihnen, zu sagen, ich müsse lernen, mich zu wehren, nachdem Sie mich vorher geknebelt haben. Bei meinem Vorstellungsgespräch haben Sie gesagt, Sie würden mich nicht einstellen, weil ich mich wahrscheinlich nicht unterordnen könne. Sie haben mir damit zu verstehen gegeben, daß ich mich unterzuordnen habe. Ich habe damals fast geschworen, daß ich mich unterordnen kann, weil ich diesen Posten wollte. Nun treten Sie auf mir herum und sagen, daß ich lernen soll, mich zu wehren. Oder besteht das Sich-Wehren bei Ihnen darin, daß man ruhig ist?"

„Ganz und gar nicht. Sie müssen nicht ruhig sein. Wenn Sie mir fachlich etwas entgegenzusetzen haben, dann können Sie ruhig etwas sagen."

Ich wußte nicht, was ich sagen sollte, wünschte ihm auch noch im nachhinein eine frohe Weihnacht, bedankte mich für die Gehaltserhöhung und ging.

Wieder hatte ich eine Chance vergeben. Wieder hatte ich mich viel zu allgemein gehalten, habe vom „repressiven Klima" gesprochen, statt ihm zu sagen: „Wenn ich Sie etwas frage, so möchte ich, daß Sie darauf antworten. Ich will nicht, daß Sie dann demonstrativ den Raum verlassen und sagen, ich soll ein Referat darüber vorbereiten." Ich habe von „Klima" gesprochen, wie man vom Wetter spricht. Ich habe vom „Klima" gesprochen, anstatt zu sagen, was ich will. Weil ich Angst hatte.

Markus hatte eine Woche Schulferien und wollte wegfahren. Ich hatte mit Schöner verabredet, daß er in dieser Zeit bei mir wohnen würde. Wir wollten es genießen, einmal eine Woche lang gemeinsam schlafen zu gehen und zusammen aufzustehen. Wir malten uns aus, wie wir am Abend nach der Kanzlei gemütlich zusammen kochen, uns dann ganz faul ins Bett legen, vielleicht mit einem Gläschen Rotwein, vielleicht auch ein wenig fernsehen, ein bißchen plaudern und zusammen einschlafen. Wir haben uns beide darauf gefreut.

Wir waren zusammen Mittagessen. Ich merkte, daß er fahrig war und überdreht sprach. Wir gingen zurück. Knapp vor der Kanzlei sagte er, daß er mir etwas sehr Unangenehmes mitteilen müsse. Dabei blieb er stehen und schaute mich mit seinen großen, dunklen Augen an. Mir schwante schon, was da kommen würde. Ich sagte: „Es wird also nichts mit unserem gemeinsamen Kochen und Fernsehen und Faulenzen." Er sagte nur: „Nein". Ich fragte: „Wann also?" – „Heute nachmittag", antwortete er. In diesem Moment bog Kant um die Ecke und wir mußten so tun, als ob wir etwas Fachliches redeten. Wir gingen weiter. Kant holte uns ein und begann mit Schöner ein Gespräch. Ich ging stumm daneben her. In der Kanzlei ging ich in mein Zimmer, die beiden anderen gingen in ihre. Also ausgeträumt der große Traum. Ich sitze da hinter meinem Schreibtisch und starre vor mich hin, auf die grüne Wand. Vor einer Woche bin ich in dieses Zimmer übersiedelt. Es wurde ein zusätzliches Stockwerk gemietet. Mein ehemaliges Zimmer war nun ein Computerraum. Das Zimmer ist schön, hat zwei große Fenster, von wo aus man auf die Stadt sieht. Ich bin allein in diesem Stockwerk. Sonst stehen hier nur noch Textverarbeitungsmaschinen.

Als die Etage ausgemalt wurde, ließ Kant mich zu sich rufen und teilte mir mit, daß ich mir selber die Tapeten aussuchen dürfe. Der Tapezierermeister stand damals bei Kant im Zimmer und hatte einen riesigen Karton, seine ganze Musterkollektion, dabei. Zunächst habe ich mit Kant zusammen gesucht. Er griff einige Male nach irgendeinem besonders scheußlichen Ding und sagte: „Diese ist doch schön!" Es waren immer so merkwürdige geometrische Muster. Da waren Kreise, Rechtecke, Oktaeder, Trapeze. Alles war irgendwie ineinander gezeichnet. Wie das Muster auf seiner Krawatte. Nachdem ich etwa eine halbe Stunde mit Kant zusammen vergeblich nach einer Tapete gesucht hatte, fragte ich ihn, ob ich denn überhaupt eine Tapete nehmen müsse. Er meinte, ich könnte mir auch eine Farbe aussuchen. Ich suchte mir also ein richtiges Grasgrün aus und habe dann auch die Malerarbeiten überwacht, damit der Farbton wirklich so wurde, wie ich ihn wollte. Es war eine angenehme und kräftige Farbe. Ich habe dann noch Palmen ins Zimmer gestellt, die scheußlichen Vorhänge von Frau Kant wieder abgenommen. Das Zimmer war wunderschön.

Nun saß ich da und starrte auf die grüne Wand. Ich fühlte mich abgeschoben. Da kommt die an und ich werde einfach weggelegt. Was kümmert es mich, daß er mit ihr verheiratet ist? Was geht mich das an? Er war mit mir verabredet. Mit mir. Es klopfte. Am Klopfen schon erkannte ich, daß er es war. Er kam schnell herein und ging auf mich zu. Vor dem Schreibtisch blieb er stehen und sagte: „Katharina, Katharina, du weißt doch, wie lieb ich dich habe.“ Ich antwortete nichts, sondern stand auf, ging zum Fenster und schaute hinaus. Ich wußte nicht, was ich sagen sollte. Ich war traurig, unfähig, etwas zu sagen. Er trat hinter mich: „Soll ich dir einen Kaffeekrapfen bringen?“ Ich drehte mich um. „Bitte geh!“ Er ging.

28

Ich wollte gerade meine Postmappe zu Schöner ins Zimmer legen. Üblicherweise unterschrieb er meine Post. Ich legte die Mappe immer in sein Zimmer, wenn er nicht da war. Ich wollte ihn möglichst wenig sehen. Es waren etwa dreißig Schreiben und gerichtliche Eingaben. Da bog Kant um die Ecke. Er sah mich mit der Postmappe in Richtung Schöners Zimmer gehen. Er sagte: „Bringen Sie die Post gleich zu mir zum Unterschreiben!“ Das war etwas Neues. Bisher hatte er noch nie meine Post unterschrieben. „Und Sie kommen auch gleich mit“, fügte er hinzu. Das klang wie eine Drohung. Also ging ich mit der Postmappe und schlotternden Knien in sein Zimmer. Oh Schreck! Wenn ich das gewußt hätte! Ich hätte mir bei jedem Brief genau überlegt, was ich schreibe. Jetzt wird er mich wieder zur Schnecke machen. Er fing an, die Briefe zu lesen. Keinen einzigen ließ er so, wie ich ihn geschrieben hatte. Auch keinen Schriftsatz. Überall stellte er Sätze um, strich heraus, fügte hinzu und kommentierte: „So kann man das doch nicht schreiben, Frau Kollegin!" Oder: „Das ist doch kein Satz!" Oder: „Das ist doch völlig wirr!" „Das ist doch viel zu lang, Frau Kollegin! Denken Sie doch! Unsere Sekretärinnen sind doch ohnehin schon so belastet. Das kann man doch kürzen! Denken Sie doch! Den ganzen Satz könnte man weglassen!"

Ich sagte: „Aber wenn Sie das jetzt ändern, haben die Sekretärinnen noch mehr zu tun."

„Frau Kollegin, Sie müssen doch etwas lernen!"

„Aber ich lerne es doch auch, wenn Sie es mir sagen."

Er zog wieder seine Mundwinkel hinauf und hinunter und machte wieder sein Fischgesicht, dabei verdrehte er die Augen zum Himmel als wollte er sagen: „Diese Person wird doch nie etwas begreifen."

Endlich, nach zwei Stunden war die Prozedur vorüber. Kein Brief, kein Schriftsatz war so, wie ich ihn geschrieben hatte. Ich legte Frau Liesl die Postmappe hin und sagte ihr, sie müsse es gemäß den Bleistiftkorrekturen ändern. Sie nahm einen Radiergummi, sagte, daß sie das schon kenne und radierte alle Korrekturen fein säuberlich aus.

29

Ich wollte mich mit Schöner nicht mehr treffen. Ich war zu gekränkt. Ich war gekränkt, weil er mich versetzt hatte und wegen des Kaffeekrapfens. Inzwischen waren etwa zwei Wochen vergangen. Ich fühlte mich weggelegt, in die Ecke gestellt, und da war dieser ständige Schmerz in meiner Brust.

Eines Tages rief mich Schöner zu Hause an und fragte, ob er

kommen könne. Ich sagte nur: ,,Ja", sonst nichts. Ich hatte nur einen Gedanken: ,,Er kommt!" Sonst konnte ich nichts denken.

Er war blaß und sah schlecht aus. Er sah aus, als hätte er wenig geschlafen. Wir gingen in mein Zimmer und setzten uns auf die Polster, die auf dem Boden lagen. Ich hielt den Kopf gesenkt. Ich wollte ihn nicht ansehen. Ich fühlte mich so schwach, so hilflos, so gedemütigt. Ich hatte nichts zu sagen. Ich saß nur mit gesenktem Kopf und wartete, bis er zu sprechen anfangen würde. Es war eine Zeitlang still im Raum. Wir saßen beide nur so da und schauten vor uns hin.

Endlich fing er an zu reden: ,,Katharina ... Ich will nicht ... daß du glaubst, ... daß alles nicht stimmt, was ich gesagt habe ... nämlich ... daß ich dich lieb habe. Es ist nur so, daß ich momentan keine Möglichkeit sehe." Er stockte. Ich sagte: ,,Ja-ja, ich weiß." – ,,Katharina, schau', das will ich dir doch gerade erklären." – Schweigen. Das Sprechen fiel ihm schwer. Dann sprach er wieder: ,,Ich werde mich scheiden lassen. Das hat nichts mit dir zu tun. Meine Ehe hat schon zu einem Zeitpunkt nicht funktioniert, als ich dich noch gar nicht gekannt habe. Das geht schon seit letztem Sommer so. Und in den Weihnachtsferien habe ich überhaupt nur an dich gedacht. Meine Ehe existiert nur noch nach außen hin."

Ich saß nur da und hörte zu. Ich hielt den Kopf immer noch zu Boden gesenkt. Es war, als würde sich die Leere in mir auffüllen, als würde wieder Blut in mir fließen. Er schlang die Arme um meinen Hals und schluchzte. Er hielt mich fest und wiederholte immer nur: ,,Mein Liebling, mein Liebling, mein Liebling." Ich spürte seine Tränen auf meinem Hals.

30

Bei der nächsten Kanzleibesprechung bekomme ich einen Akt von Brunnhuber. Ich soll die Verhandlung am nächsten Tag machen, da er keine Zeit hat. Es ist ein Vaterschaftsprozeß. Ein gewisser Herr Schindler bestreitet, der Vater zu sein. Er lebt in Norddeutschland und kann – wie er uns mitteilte – keinesfalls zur Verhandlung kommen. Ich sage, daß ich noch nie einen Vaterschaftsprozeß gemacht habe und nicht weiß, was da zu beachten sei. Brunnhuber sagt, daß ich einfach nur das vorbringen soll, was unser Mandant sagt und sonst nichts. Alle anderen sitzen dabei und äußern sich nicht weiter dazu. Also lese ich am Abend noch alles, was ich in den Büchern über den Vaterschaftsprozeß finde und studiere den Akt genau. Die Kindesmutter sei nur ein flüchtige Urlaubsbekanntschaft und habe es auf sein Geld abgesehen, sagt unser Klient. Ich glaube ihm. Er ist Manager in irgendeinem Konzern und verdient sehr gut. Nach seinen Angaben hat die Frau irgendwie herausbekommen, daß er gut situiert ist und will ihn nun zur Kasse bitten. In Wahrheit sei er nicht der Vater.

Ich überlege mir lange, wie ich bei der Zeugenbefragung vorgehen werde. Ich schreibe mir die Fragen auf, die ich der Mutter stellen werde. Am nächsten Tag fahre ich also zur Verhandlung. Die Frau hat das Kind bei sich. Ein süßes blondgelocktes Kind, es ist etwa eineinhalb Jahre alt. Die Kindesmutter schildert die Sache völlig anders. Sie war ein Jahr lang mit dem Mann eng befreundet. Sie hat jedes zweite Wochenende mit ihm in Deutschland verbracht. Sie war zweimal mit ihm und mit seiner Mutter in Urlaub. Er war des öfteren bei ihr in Österreich. Sie legt diverse Briefe von ihm vor. Darunter ist auch einer, den er ihr geschrieben hat, als sie schwanger war und in dem er ihr verspricht, eine Blutprobe von sich für die Rhesus-Untersuchung zu schicken. Sie nennt viele Zeugen in Deutschland und in Österreich, die mit ihnen zusammen waren. Sie ist sympathisch und wirkt absolut glaubhaft. Ich lehne mich zurück und lausche. Das ist ja alles ganz neu. Meine vorbereiteten Fragen stelle ich erst gar nicht, sie erscheinen mir nun völlig sinnlos. Das einzige, was mir noch einfällt, ist, daß ich sie vereidigen lasse. Sie legt den Eid ab, ohne mit der Wimper zu zucken. Ich denke mir noch, dieser Herr Schindler hat ein ,,W" zu wenig. Ich beantrage Sachverständigengutachten bezüglich der Blutähnlichkeit, ein graphologisches Gutachten wegen der Briefe und seine Vernehmung im Rechtshilfeverfahren, weil er keine Zeit hat, hierherzukommen. Der Richter schließt die Verhandlung. Ich fahre nach Hause. Ich bin betroffen. Hier hat ein Mann mit einer Unverfrorenheit sondergleichen sein Kind verleugnet. Sie hat geweint, als sie gesagt hat, daß sie ihm Photos von dem Kind geschickt hat und daß er trotzdem nichts von sich hören ließ.

Einige Zeit später trifft das Verhandlungsprotokoll in der Kanzlei ein und wieder einmal ist das ,,RS"-Zeichen darauf. Bei der nächsten Kanzleibesprechung lege ich Kant das Protokoll mit dem ,,RS" hin. Inzwischen hatte ich es mir abgewöhnt, vorher stunden- und tagelang zu überlegen, was ihm nicht passen könnte, weil ich es sowieso nie erraten habe. Kant nimmt das Papier in die Hand, liest kurz und fängt dann auch gleich zu stöhnen an. Er verdreht die Augen, macht den Fischmund und stöhnt: ,,Was haben Sie denn da wieder gemacht, ach, muß man denn alles selber machen?!" Ich weiß nicht, was er meint. ,,Frau Kollegin, das geht doch nicht. Sie können doch nicht unseren Mandanten im Rechtshilfeverfahren vernehmen lassen." Ich antworte, daß er uns geschrieben habe, daß er nicht kommen könne, weil er keine Zeit habe. Doch anscheinend hat er meine Antwort nicht gehört, denn er wiederholt sich: ,,Frau Kollegin, das geht doch nicht, er muß doch vor das Erkennende Gericht." Ich schweige. ,,Haben Sie wenigstens Erörterung des Gutachtens beantragt?" Ich höre dieses ,,wenigstens". Er meint, wenn ich schon sonst nichts Vernünftiges gemacht habe. Ich antworte: ,,Nein." – Stöhnen, Augen-Verdrehen, Fischmund. ,,Mein Gott! Muß man denn alles selber machen." Während er eine Weile nichts sagt, sitze ich da und schäme mich. Ich spüre die Blicke von Schöner auf mir. Ich schäme mich vor ihm. Vor allem schäme ich mich vor ihm. Jetzt sagt Kant, während er mich scharf ansieht: ,,Was denken Sie eigentlich?" In meinem Kopf ist das Wort ,,genug, genug!" Einen Moment lang möchte ich ihm sagen: ,,Ich denke, daß es genug ist. Ich denke, daß es mir jetzt reicht." Einen Moment lang möchte ich den Stoß Akten, der vor mir liegt, nehmen, ihn über den Tisch hinüber werfen und sagen: ,,Ich denke, daß es mir reicht!" Und dann gehen. Gehen und nie mehr wiederkommen.

Es wäre so leicht gewesen, etwas zu entgegnen. Ich hätte das

Gespräch nur auf eine sachliche Ebene bringen müssen. Ich hätte nur sagen brauchen: ,,Was glauben Sie, was man bei einem Blutgutachten erörtern kann? Nämlich nichts! Hier geht es um einen rein naturwissenschaftlichen Test. Die Vaterschaft kann mit einer Sicherheit von 88 bis 99,8 Prozent ausgeschlossen werden. Je nach Blutähnlichkeit. Da gibt es nichts zu erörtern. Ich hab' mir das genau überlegt. Und vor das Erkennende Gericht habe ich ihn nicht laden lassen, weil ich erstens eine Gegenüberstellung mit der Mutter für völlig unzweckmäßig halte und zweitens, weil es der ausdrückliche Wunsch unseres Mandanten war, nicht vor das Erkennende Gericht zu kommen."

31

Ich gehe mit Schöner am Fluß entlang. Wir reden über die kranken Bäume. Schöner sagt, daß die Politiker an allem schuld sind. Ich werde wütend. Ich sage, daß nicht die Politiker schuld sind, sondern solche Leute wie er, die solche Politiker zulassen. Er antwortet: ,,Und du? Was machst du? Läßt du sie nicht zu? Du gehst vielleicht einmal im Jahr auf eine Demonstration, aber was tust du denn sonst noch?" – ,,Gut, stimmt, was tue ich denn sonst noch? Du hast recht. Das einzige, was ich sonst noch tue, ist, daß ich mich ärgere über Kant und über Vogelweider und über dich, darüber, daß es Leute gibt wie dich, die sagen, daß die Politiker schuld sind. Die Politiker, die sind da oben, die müssen es machen, die da oben!" Wir schweigen eine Weile. Dann sagt Schöner: ,,Du kannst sagen, was du willst, Willi kann etwas." Ich entgegne: ,,Wir müßten eben nur Politiker haben, die auch etwas können. Es ist das Unglück, daß wir nur Politiker haben, die nichts können. Dann wäre alles in Ordnung. Und du kannst mich jetzt auch, weil dieses Gerede ist mir mittlerweile zu dumm." Inzwischen sind wir auf dem Schloßberg angelangt. Wir hatten beschlossen, eine kleine Runde zu gehen. Wir gingen schweigend dahin. Ich fühlte mich ziemlich mies. Ich hatte wieder das Gefühl, mich nicht verständlich machen zu können.

Ich fühle mich aufgewühlt. Ich denke nach, wie ich mich erklären könnte: ,,Schau, ich bin der Meinung, daß Demokratie in den kleinsten Einheiten beginnt. Ein demokratisches System ist nur möglich, wenn alle Leute in ihrem persönlichen Lebensbereich auch Demokratie üben. Und eure Kanzlei ist eben keine Demokratie."

Auch er ist jetzt aufgebracht: ,,Willst du damit sagen, daß man die Konzipienten bei allen Entscheidungen einbeziehen soll?" Ich antworte, daß ich glaube, daß man sie bei jenen Entscheidungen einbeziehen sollte, die sie auch betreffen. Und das sind wahrscheinlich die meisten. ,,Du spinnst!", meint er.

Wir gingen still weiter, nach einer Weile sagte ich ihm, daß ich Ablehnung von ihm fühle und daß mir das weh tue. Er sagte: ,,Nein, es ist nicht so, daß ich Ablehnung dir gegenüber empfinde, es ist nur unsere Beziehung anders geworden." Da war ein Ton in seiner Stimme, der mir neu war. ,,Ich habe mich irgendwie von dir entfernt. Ich denke jetzt wieder mit sehr zärtlichen Gefühlen an meine Frau und ich freue mich, sie zu sehen, sie kommt morgen."

Ich bin starr und setze immer nur einen Fuß vor den anderen. Ich kann nichts anderes denken als: Halt' dich gerade, halt' dich gerade und setz' nur einen Fuß vor den anderen. Linken Fuß, rechten Fuß, linken Fuß, rechten Fuß. Immer nur einen Fuß vor den anderen setzen und halte dich gerade!"

Mir geht jedes Wort bis ins Herz. Wie Messerstiche. In meinem Kopf ist nur: Linkes Bein, rechtes Bein, linkes Bein, rechtes Bein ... Er sagte: ,,Katharina, bitte, versteh' mich, ich weiß, daß ich vor zwei Monaten noch anders gesprochen habe. Es hat sich eben geändert."

Es hat zu regnen angefangen, und ich mache den Vorschlag, zurückzugehen. Wir nehmen den kürzesten Weg. Wir gehen schweigend. Ich denke nach. Irgend etwas stimmt da nicht. Irgendwie paßt das Ganze nicht zusammen. Warum jetzt plötzlich? Ich habe nicht das Gefühl, daß er mir das schon beim Weggehen sagen wollte. Ich habe nicht das Gefühl, daß er das beim Weggehen schon gedacht hat. Es muß inzwischen etwas passiert sein. Was haben wir vorher geredet? Das Gespräch über den großen Guru und seinen Wasserträger! Ich frage ihn: ,,Und heißt das, daß du die Beziehung zu mir jetzt beenden willst oder was?" – ,,Ja! Es fällt mir schwer, es dir zu sagen, aber ich bin froh, daß es jetzt draußen ist. Ja, ich glaube, es ist besser, wenn wir uns jetzt trennen." Mir ist, als hätte ich mit dem Holzhammer eins auf den Kopf bekommen.

Was ist passiert? Ich versuche, die letzten zwei Monate vor mir Revue passieren zu lassen. Was hat sich verändert seit damals? Ich habe Willi nicht zum ersten Mal kritisiert. Seit Monaten kritisiere ich Willi, seit Monaten kritisiere ich seine Art zu denken, seine Art zu reden, seine Art, die Welt zu sehen. Ich kritisiere alles.

Ich überlege, wie Schöner lebt. Er wohnt im Haus seiner Eltern. Einmal erzählte er mir, daß seine Mutter nur vom Geld redet und zwölf Mäntel hat. Seit der Geburt von Schöner haben seine Eltern nicht mehr miteinander geschlafen. Bei der Hochzeit hat sein Vater zu seiner Mutter gesagt, daß sie alles werden dürfe, nur nicht dick. Prompt ist sie nach der Geburt von Schöner dick geworden. Ich habe Schöner einmal gefragt, ob seine Mutter einen Freund gehabt hätte. Er antwortete mir damals, daß er sich das bei seiner Mutter überhaupt nicht vorstellen könne. Einmal sagte er mir: ,,In meinem ganzen bisherigen Leben hat sich alles nur ums Geld gedreht. Das sehe ich aber erst, seit ich dich kenne."

Über seine Frau wußte ich nicht viel. Wenn er von ihr erzählte, dann nur von ihrem Erfolg und daß sie bei Staatsoberhäuptern dolmetsche. Er erzählte auch, daß sie sehr viel redet und daß er glaubt, daß das berufsbedingt sei und daß er früher oft nach Paris gefahren sei, um dort auf die Haute-Couture-Modeschauen zu gehen. Ich fragte ihn, warum seine Frau in Bonn arbeite und nicht hier. Darauf meinte er, daß sie in Bonn doch viel mehr verdiene. Ich fragte, ob sie denn so viel Geld brauche. Da sah er mich verwundert an. Um die Sache abschließend zu erklären, sagte er, daß es außerdem nicht egal sei, ob man neben einem Staatsoberhaupt stehe oder neben irgend jemandem. Was denn der Unterschied sei, fragte ich, sie stehe ja doch nur daneben. Darauf sagte er nichts.

Ich versuchte, mir die Beziehung zu seiner Frau vorzustellen. Es gelang mir nicht. Ich sagte: „Ich glaube, daß du dir in mühsamer, jahrelanger Arbeit eine Burg gebaut hast und sie mit Mühe ausstaffiert hast. Jetzt komme ich und rüttle daran. Ich rüttle und rüttle. Du hast dem zunächst nicht viel Bedeutung beigemessen, aber langsam bekommst du Angst, daß dein Gebäude einstürzen könnte. Am Anfang hast du mir nur auf die Finger geklopft und gesagt: ‚Hör' auf!' Ich habe aber nicht aufgehört, sondern ich habe immer kräftiger gerüttelt."

Es regnete noch immer in Strömen. Schöner drehte sich zu mir und sagte: „Mir ist es bisher nicht aufgefallen, aber jetzt, da du es sagst, glaube ich, daß du recht hast."

Inzwischen sind wir im Park angelangt. Unter der großen Linde, wo es ein bißchen weniger regnet, bleibt Schöner wieder stehen und umarmt mich. Er flüstert: „Katharina!" Er drückte mich ganz fest an sich und legte den Kopf auf meine Schulter. So standen wir eine Weile. Dann sagte ich: „Ich habe Hunger!"

Wir gehen ins nächste Gasthaus. Wir legen unsere nassen Mäntel ab und bestellen uns Steaks und Rotwein. Wir trinken und essen und lachen und erzählen uns Geschichten. Wir sind beide angeheitert. Er begleitet mich nach Hause und will sich an der Haustür von mir verabschieden. Ich sage: „Komm mit!" Wortlos steigt er in den Lift ein. Wir gehen sofort ins Bett. Ich bekam kaum Luft, weil er mich so fest an sich drückt. In meinem Kopf ist nur der eine Gedanke, nämlich daß ich nicht will, daß er geht, daß ich nicht will, daß es aus ist.

Plötzlich fängt er an zu schluchzen. Sein großer, schwerer Körper zuckt in meinen Armen, wie von einer unsichtbaren Kraft geschüttelt. Seine Trännen rinnen über meine Schulter. Er weint und das tut gut. Am nächsten Tag frage ich ihn, ob er sich wirklich von mir trennen will. Er sagt: „Nein!"

32

Anläßlich der nächsten Kanzleibesprechung gibt Kant mir einen Akt und sagt, daß ich einen Rekurs gegen die Gerichtskosten machen soll. Seiner Meinung nach wurden uns um achtzig Schilling zu viel vorgeschrieben. Es geht bei dieser Angelegenheit um einen Prozeß, der inzwischen vierzigtausend Schilling gekostet hat. Ich sage ihm, daß ich der Meinung bin, daß es sich nicht lohnt, wegen achtzig Schilling einen Rekurs zu machen und daß ich außerdem morgen eine Verhandlung habe, für die ich mich vorbereiten muß und daher kaum Zeit haben werde. Er will aber trotzdem, daß ich die Sache überprüfe und gegebenenfalls Rekurs mache. Am nächsten Tag überprüfe ich die Sache und stelle fest, daß tatsächlich um achtzig Schilling zu viel vorgeschrieben wurde. Ich habe nicht viel Zeit und diktiere den Rekurs schnell, bevor ich zu der Verhandlung gehe. Am Ende diktiere ich gewohnheitsmäßig das Kostenverzeichnis dazu. Ich denke nicht daran, daß es im Außerstreit-Verfahren keinen Kostenersatz gibt. Es ist jedoch völlig folgenlos, da das Gericht das Kostenverzeichnis als nicht geschrieben ansehen wird.

Die Verhandlung wird anstrengend. Ich habe einen aggressiven Gegner, der sich offensichtlich vor seiner Mandantschaft produzieren will. Mein Mandant ist auch dabei, und ich darf mir nichts gefallen lassen. Die Verhandlung leitet ein schwacher Richter, der kaum eingreift. Als ein Zeuge der Gegenseite vernommen wird, antwortet der gegnerische Rechtsanwalt auf die Fragen, die ich dem Zeugen stelle. Ich sage ihm zunächst höflich, daß er den Zeugen antworten lassen soll. Beim zweiten Mal werde ich etwas schärfer. Er schreit mich an. Ich schreie zurück. Ich verlange die Protokollierung seiner Antwort. Der Richter nickt nur und protokolliert. Sonst sagt er nichts. In dem Stil geht die Verhandlung weiter. Es dauert fünf Stunden. Am Ende bin ich erschöpft, aber befriedigt, weil ich das Gefühl habe, mich tapfer geschlagen zu haben.

Ich gehe in die Kanzlei. Dort ist anscheinend niemand mehr. Schade. Ich hätte gern mit jemandem über die Verhandlung gesprochen. Ich gehe in mein Zimmer uns setze mich an den Schreibtisch, um noch rasch den Verhandlungsbericht zu diktieren. Da sehe ich auf meinem Schreibtisch den Rekurs liegen, den ich diktiert habe, bevor ich zur Verhandlung gegangen bin. Der sollte doch heute weggehen. Da sehe ich, daß das Blatt diagonal mit Rotstift durchgestrichen ist. Einfach nur durchgestrichen. Keine Erklärung dazu. Ganz am Anfang, als ich noch viele Sachen falsch diktiert hatte, kamen die Schriftstücke oft nur so einfach durchgestrichen zurück. Ohne Kommentar. Besonders Schöner hat das am Anfang gern gemacht. Ich mußte dann zu ihm gehen und ihn fragen, warum es durchgestrichen war. Er hat dann meistens so etwas geantwortet wie: ,,Na, wird halt falsch gewesen sein, was sonst?"

Da fällt mir ein, daß ich mit Schöner fürs Theater verabredet bin. Ich diktiere noch schnell den Verhandlungsbericht und gehe nach Hause. Wir sind in einem Kellertheater verabredet. Wir wollen uns den ,,Turm" von Peter Weiss ansehen. Ich habe das Stück schon einmal gesehen und war beeindruckt davon. Ein Artist kommt in einen Zirkus und bietet dort seine Arbeit an. Er wird aufgenommen und es finden Proben und Vorstellungen statt. Dabei agiert er mit verschiedenen anderen Künstlern, die jeweils Teile seines Ichs verkörpern. Ein widerlicher Alter läßt ihn auf einem Ball tanzen. Wie ein dressiertes Tier tanzt er auf dem Ball. Mit geschlossenen Augen, die Hände ausgestreckt, tänzelt er auf dem Ball. Der Alte sitzt daneben und trommelt auf einem Tamburin.

Ich habe Schöner damals von dem Stück erzählt. Es interessierte Schöner. Ich fragte ihn, ob er sich das Stück mit mir noch einmal ansehen wolle. Zu meiner Überraschung sagte er zu. Damals, vor drei Wochen.

Es sollte um acht Uhr anfangen und wir hatten verabredet, daß er mich zwanzig Minuten vor acht abholt.

Als ich nach Hause kam, ließ ich mir ein Bad ein, versuchte den blöden Rekurs zu vergessen und wusch mir die Haare. Um zwanzig vor acht waren meine Haare zwar noch nicht ganz trocken, aber ich wollte pünktlich sein und ging hinunter auf die Straße. Vor der Haustür wartete ich auf ihn. Meine Haare waren inzwischen eiskalt und ich fühlte, daß ich mir eine Erkältung holen würde. Ich ging in den Hausflur hinein und wartete. Dort war es aber ebenso kalt. Ich überlegte, ob ich wieder in die Wohnung hinaufgehen sollte, aber es war inzwischen schon zehn Minuten vor acht Uhr.

Fünf Minuten vor acht kam Schöner. Musik im Radio spielend und gut gelaunt. Er entschuldigte sich nicht für die Verspätung. Ich stieg ein. Diese gewisse Atmosphäre in seinem Auto war mir jetzt zuwider. Diese gepflegte Chanson-Musik, diese gepflegten, nach Leder riechenden Sitze, der gepflegte Duft und seine gepflegte Konversation. Alles das war mir im Moment zuwider. Ich wollte wissen, warum er zu spät kam. Er sagte, daß er noch etwas für seine Eltern hatte erledigen müssen. Ich glaubte ihm nicht. Ich hatte den Verdacht, daß er inzwischen das Stück nicht mehr sehen wollte. Sein Über-Ich hatte es ihm verboten. Seine Eltern! Er mußte für seine Eltern noch etwas erledigen.

Ich kochte innerlich. Am liebsten wäre ich überhaupt nicht mehr in das Theater gegangen, aber das ging auch nicht, weil ich ja die Karten reserviert hatte. Vielleicht haben sie inzwischen die Karten weggegeben? Mir wäre es recht.!

Die Karten waren noch da. Es fing gerade an, und wir schlüpften noch hinein.

Nach dem Ende des Theaters redeten wir nicht. Ich war von dem Stück beeindruckt. Dann machte Schöner den Vorschlag, zum Essen in ein Lokal in der Nähe zu gehen. Noch immer sprachen wir nicht. Wir parkten das Auto. Als wir ausstiegen, sagte Schöner: „Willi hat dich heute gesucht. Er hat den Rekurs von dir in die Hände bekommen. Ich mußte ja so lachen, wie ich gelesen habe, was du geschrieben hast. Ich hab' geglaubt, ich lach' mich tot. Du hast ein Kostenverzeichnis geschrieben! Im Außerstreitverfahren! Ich hab' ja so lachen müssen und der Willi, der war wild! Das ist ja wirklich zum Totlachen, was du machst. Der Willi, der hat eine Wut gehabt, der ist herumgerannt mit dem Rekurs in der Hand wie ein wildes Tier! Von dem kannst du dir morgen etwas anhören! Du weißt doch tatsächlich nicht, daß es im Außerstreitverfahren keine Kosten gibt? Ich lach' mich tot!" Sein Lachen klang böse und aggressiv. Es war gar nicht lustig. Ich ging neben ihm her und dachte nur: Bleib ruhig!

Wir gingen in das Lokal. Mir wurde schlecht. Ich sagte nichts. Ich hatte überhaupt nichts gesagt, seitdem wir aus dem Auto ausgestiegen waren. Schöner beschäftigte sich einstweilen mit der Speisekarte. Der Ober kam und fragte nach unseren Wünschen. Ich konnte nicht einmal daran denken, etwas zu essen. Ich sagte zu dem Ober: „Kann ich bitte einen doppelten Kognak haben?" Jetzt sah mich Schöner an. Ich fühlte, daß ich käseweiß im Gesicht war. Schöner sagte nur: „Was ist los?" Ich antwortete nicht. Ich wollte nicht reden. Ich wollte auf den Kognak warten. Als ich ihn hatte, nahm ich einen Schluck und mir wurde besser. Ich sagte Schöner, daß ich keinen Hunger hätte und gehen möchte. Der Ober kam wieder und zählte uns auf, was es für köstliche Vorspeisen gebe. Ich sagte ihm, daß wir umdisponiert hätten und er möge bitte entschuldigen, aber wir wollten zahlen. Wir gingen. Schöner wußte anscheinend überhaupt nicht, was los war. Ich sagte ihm, daß mir schlecht sei und daß ich nach Hause wolle. An der Haustür sagte ich nur „Auf Wiedersehen" und ging. Zu Hause setzte ich mich an den Schreibtisch und starrte vor mich hin. Ich beschloß, das rot durchgestrichene Blatt mit einem Kommentar zu versehen und auf Kants Schreibtisch zu legen.

Ich stellte den Wecker auf sechs Uhr. Ich wollte rechtzeitig in die Kanzlei kommen. Ich wollte das Schriftstück noch vor seinem Erscheinen auf seinen Tisch legen.

Auf dem Weg in die Kanzlei überlege ich mir den Text: Mein Schritt wird immer schneller, dermaßen beflügelt bin ich von dem Gedanken, ihm etwas zu entgegnen. In der Kanzlei angekommen, eile ich hinauf in mein Zimmer. Ich setze mich an den Schreibtisch und schreibe genüßlich auf dasselbe Stück Papier ganz groß und nicht zu übersehen: „Hiermit teile ich Ihnen zum letzten Mal mit, daß ich diesen Kommunikationsstil ablehne. Ich bitte höflichst um Kenntnisnahme!"

Es gefällt mir. Ich gehe schnell hinunter und lege es ihm hin, es ist zehn Minuten vor acht Uhr. Er muß also bald kommen. Dann setze ich mich wieder hinter meinen Schreibtisch, verschränke die Arme und warte. Das ist ein Genuß! Ich harre der Dinge, die da kommen. Ich warte und warte und es tut sich nichts. Ich überlege, ob ich vielleicht schon anfangen soll, meine Sachen einzupacken. Die Bücher in diesem Zimmer gehören mir und ich werde einen Koffer brauchen, um sie wegzubringen. Vielleicht will er doch, daß ich die Akten, die ich angefangen habe, noch fertig mache. Jedenfalls kann ich immer noch nach Hause fahren, um mir den Koffer für die Bücher zu holen. Nach ungefähr einer Stunde tut sich noch immer nichts. Plötzlich bebt das Haus. Es zittert so, daß das Glas des Bücherschranks klirrt. Jetzt hat er meinen Brief gefunden! Da sehe ich vom Fenster aus, daß ein großer Lastwagen vor dem Haus vorüber gefahren ist und das Haus zum Beben gebracht hat. Ich überlege, ob er vielleicht gar nicht kommen wird. Ich halte es für sinnlos, mit einer Arbeit zu beginnen. Wenn Kant kommt und den Zettel findet, so wird er ja doch gleich sagen, daß ich die Kanzlei verlassen soll. Also warte ich weiter. Mir wird langweilig. So fange ich doch mit der Arbeit an. Ich vertiefe mich gleich in ein Problem und will darüber in der Bibliothek etwas nachlesen. Als ich eintrete, stehen da Vogelweider und Schöner mit hochroten Köpfen und fahren wie von der Tarantel gestochen auseinander. Sie sind ganz verdattert und wissen nicht, was sie sagen sollen. Ich sage zu Vogelweider: Weil Sie schon gerade da sind, kann ich Sie ja zu dieser causa etwas fragen." Er steht stramm: „Bitte sehr, Frau Kollegin, bitte sehr." Als ich wieder in mein Zimmer gehen will, kreuzt Kant meinen Weg: „Frau Kollegin, Sie kommen dann zu mir. Und zwar in fünfzehn Minuten." Ich warte in meinem Zimmer. Es klopft und Schöner kommt. Er hat ein auffallend gerötetes Gesicht. Er spricht mit mir über irgendeine causa. Er tut, als wisse er nichts von meinem Brief auf Kants Schreibtisch. Bevor er wieder geht, dreht er sich noch einmal um, schaut mich sehr lieb an und sagt: „Wie geht es dir?" Ich habe das Gefühl, daß er damit sagen will: „Und halt die Ohren steif, wenn gleich eine kühle Briese über dich kommt." Ich gehe zu Kant. Vorher drehe ich noch auf meiner kleinen Leier ein paar Klänge von der „Internationalen". Beim Hinuntergehen summe ich: „Völker hört die Signale, auf zum letzten Gefecht . . ." Dann gehe ich in die Höhle des Löwen. Ich versuche, ruhig zu wirken. Kant deutet mir, Platz zu nehmen. Ich setze mich hin. Er hat „mein Schriftstück" vor sich liegen, sieht es an, sieht dann mich an und sagt: „Ich bin nicht beleidigt, Sie brauchen nicht zu glauben, daß ich beleidigt bin. Ich kann Ihnen sagen, ich würde auch lieber plaudern. Ich würde auch lieber freundlich sein. Und was Sie hier haben, in dieser Kanzlei, das haben Sie nicht überall. Einen Betriebsausflug gibt es nicht in jeder Kanzlei, und bei Betriebsausflügen bin ich sehr freundlich, da können Sie sich wohl nicht beklagen. Ich bin sehr freundlich beim Betriebsausflug."

Ich sehe plötzlich Kant vor mir, wie er sich die Eiswürfel auf sein schütteres Haar legt und wie alle vor Begeisterung gröhlen.

„Und die Farbe in Ihrem Zimmer haben Sie sich auch aussuchen dürfen. Das können Sie auch nicht in jeder Kanzlei."

Ich nicke und sage: „Ja, ich weiß das, ich bin Ihnen auch sehr dankbar dafür. Ich bin sehr froh, daß ich mein Zimmer so einrichten durfte."

Er redet weiter: „Und die Kanzleibesprechungen jede Woche? Und die Kanzleifortbildung? Glauben Sie, das ist ein Vergnügen für mich? Glauben Sie, das ist ein Vergnügen für mich, mich da mit Ihnen hinzusetzen? Mit den Konzipienten! Glauben Sie, es ist angenehm, mich mit den Konzipienten unterhalten zu müssen? Das ist doch ein Niveau weit unter meinem. Es wird doch der Abstand zwischen mir und den Konzipienten immer größer! Das ist doch ein derartiger Niveauunterschied! Glauben Sie, ich habe nichts Besseres zu tun, als mich jede Woche mit den Konzipienten zusammenzusetzen! Das mache ich doch nur für Sie! Das mache ich doch nur für die Konzipientenausbildung! Damit Sie etwas lernen! Was glauben Sie denn, was ich für einen Wissensstand habe im Vergleich zu Ihnen!"

In einer kurzen Gesprächspause sage ich: „Das hat aber nichts damit zu tun, daß . . ."

Er unterbricht mich: „Natürlich hat es damit zu tun! Glauben Sie, ich habe Zeit, Ihnen zu schreiben: ‚Liebe Frau Kollegin, könnten Sie vielleicht so freundlich sein . . .' Mir wäre es auch lieber, wenn ich den ganzen Tag im Kaffeehaus sitzen könnte. Am Vormittag vielleicht ein bißchen mit den Sekretärinnen plaudern, am Nachmittag ein bißchen ins Kaffeehaus gehen, herumtelephonieren und schon ist der Tag vorbei. Ich bemühe mich, etwas zu machen. Ich bemühe mich, noch zu retten, was zu retten ist. Es ist ja erschütternd, mitansehen zu müssen, was aus der Juristerei geworden ist. Da gibt es welche, die rufen mich an, wenn sie ein rechtliches Problem haben, weil sie es selbst nicht lösen können. Darum halte ich ja Seminare ab! Um den Wissensstand zu heben. Es ist ja gerdezu erschütternd, wohin die Rechtsanwaltschaft gekommen ist! Beschämend ist es! Ich habe es mir zur Aufgabe gemacht zu verhindern, daß das Ansehen unseres Berufsstandes ganz verloren geht. Ich halte die Seminare, damit sich die Kollegen wieder mehr Wissen aneignen können, nur mit Wissen können wir wieder mehr Ansehen gewinnen, etwas Terrain zurückgewinnen. Es wird uns doch dauernd etwas weggenommen! Die Kammern! Die Gewerkschaften! Alle machen sie Rechtsberatung! Dauernd wird uns etwas abgeschnitten! Wir müssen verhindern, daß das so weitergeht! Die Mietervereinigung nimmt uns auch etwas weg! Wir müssen besser sein! Wir müssen mehr wissen! Darum geht es! Und im übrigen, Frau Kollegin, vorgestern, da stand im Kalender, daß sie beim Zahnarzt sind, Sie waren volle vier Stunden weg. Da habe ich auch nichts gesagt! Und ich muß Ihnen eins sagen, das mit dem Kostenverzeichnis auf dem Rekurs, das hat mich erschüttert. Wissen Sie, Frau Kollegin, es gibt Blackouts, das gibt es tatsächlich. Aber daß jemand nicht weiß, daß es im Außerstreitverfahren keinen Kostenersatz gibt, das ist mir unverständlich. Was leisten denn die Rechtsanwälte in Österreich schon! Das muß man einmal vergleichen mit den Kanzleien, die es in Amerika gibt. Da gibt es Kanzleien, wo sechzig Leute arbeiten. Das ist eine Organisation. Da muß man etwas leisten. Das kann ich Ihnen sagen, Frau Kollegin, dort weht ein anderer Wind! Das ist eine Fabrik! Da gibt es Leute, die machen immer nur dasselbe. Da gibt es Juristen, die machen immer nur Exekutionen. Schauen Sie doch einmal, was Sie bei uns alles lernen! Jede Woche Kanzleibesprechungen! Oder glauben Sie, daß die Seminare selbstverständlich sind! Schauen Sie sich doch in den anderen Kanzleien um! Wenn Sie diese Härte nicht haben, sind Sie für diesen Beruf ungeeignet. Und eines kann ich Ihnen sagen, ich werde mich nicht ändern. Das haben auch andere ausgehalten. Dem Herrn Doktor Brunnhuber, dem ist es am Anfang auch nicht leicht gefallen, der hat sich diese Härte angeeignet!“ Plötzlich steht er auf, nimmt seinen Hut, zieht seinen

Mantel an und sagt: „Jetzt muß ich gehen." Und schon ist er bei der Tür hinaus. Ich sehe auf die Uhr. Eine Dreiviertelstunde ist vergangen. So lange hat er mit mir gesprochen, und ich weiß eigentlich nicht, was er gesagt hat. Anscheinend hat er mir nicht gekündigt, das wäre mir aufgefallen. Ich gehe in mein Zimmer, hole meine Sachen. Es ist Mittagspause. Wie in Trance gehe ich durch die Stadt und denke: „Er hat mich nicht gefeuert, er hat mich nicht gefeuert, er hat mich nicht . . ."

33

Eines Tages ruft mich Peter im Büro an und fragt, ob ich mich an einem Inserat gegen die Wahl des FPÖ-Obmannes zum dritten Nationalratspräsidenten beteilige. Ich sage zu. Am nächsten Vormittag treffe ich mich mit Schöner im Kaffeehaus. Schöner sieht das Inserat in der Zeitung. Er sagt, daß er davon schon wisse. Brunnhuber sei gleich heute früh um acht Uhr mit der Zeitung in das Zimmer von Vogelweider gekommen und habe gesagt: „Schauen Sie, die Frau Kollegin hat hier unterschrieben!"

Am Abend nach der Kanzleifortbildung gehen wir zusammen ins Gasthaus. Es wird über das Inserat diskutiert. Vogelweider sagt, daß er sehr enttäuscht darüber sei, daß ich mich an einer so undemokratischen Aktion beteilige: „Man muß diesem Menschen doch nach einer so langen Zeit dieselben Chancen einräumen wie allen anderen Menschen. Gerade von Ihnen hätte ich so eine Ungerechtigkeit nicht erwartet. Gerade Sie mit Ihrer politischen Gesinnung sind doch für die Chancengleichheit und die Demokratie." Dabei schaut Vogelweider ganz bekümmert drein. Er grämt sich offensichtlich.

Grämt er sich darüber, daß der Herr FPÖ-Obmann so ungerecht behandelt wurde, oder grämt er sich über mein „schändliches Tun"? Er schüttelt immer wieder den Kopf. Bei ihm geht alles langsam. Und langsam wiederholte er: „Das beinhaltet eine Diskriminierung. Das beinhaltet eine Diskriminierung, nicht wahr, Frau Kollegin, darüber müssen Sie sich im klaren sein. Das ist eine Diskriminierung!"

Ich frage ihn, ob er denn Bescheid wisse über die NS-Vergangenheit des FPÖ-Obmannes. ,,Aber das kann man ihm doch heute nicht mehr zum Vorwurf machen, das ist doch so lange her. Und außerdem war das im Krieg!" Pflichterfüllung! Verteidigung des Vaterlandes! Wenn mein Vater diese Worte sagte, bekam er immer nasse Augen. Vogelweider sah auch schon ganz weinerlich aus. Als ich meine Mutter einmal fragte, warum mein Vater immer weine, sagte sie: ,,Der weint nur vor lauter Rührung über sich selbst."

34

Eines Tages bekomme ich ein Formular von der Rechtsanwaltskammer in mein Fach gelegt, auf welchem steht, daß eine Frau um Verfahrenshilfe ansuche, und zwar bezüglich ihrer Scheidung. Ansonsten steht nichts auf dem Formular. Ich weiß nicht, was ich damit machen soll. Ich habe noch nie eine Verfahrenshilfe gemacht und sehe so ein Formular zum ersten Mal.

Bei der nächsten Kanzleibesprechung sage ich zu Schöner, daß ich ein Formular von der Rechtsanwaltskammer bekommen habe, und daß ich nicht wüßte, was damit zu tun ist. Er antwortet etwas gereizt: ,,Natürlich die Scheidungsklage einbringen, was denn sonst?" Ich werde wütend über seinen Ton und dieses ,,was denn sonst". ,,Wieso sagen Sie, ,was denn sonst'?" Schöner jetzt noch gereizter: ,,Frau Kollegin, ich will darüber mit Ihnen nicht diskutieren. Bevor Sie fragen, könnten Sie vielleicht das Formular durchlesen." Worauf ich ebenso gereizt antworte: ,,Ich habe mir dieses Formular durchgelesen. Es ist daraus nicht zu entnehmen, was damit geschehen soll und außerdem macht es Ihnen auch nicht mehr Mühe, wenn Sie mir in einem höflichen Ton sagen, daß ich hier die Scheidungsklage einbringen soll. Den Zusatz ,was denn sonst' können Sie sich sparen!" Ich schaue zu Brunnhuber hin. Der bohrt wie immer in der Nase. Er denkt nicht daran, mich zu unterstützen. In diesem Moment kommt Vogelweider dazu, er fragt: ,,Was ist denn da los? Um was geht es denn da?" In der Erwartung, von ihm Unterstützung zu bekommen, wiederhole ich das ,,Gespräch" zwischen Schöner und mir. Vogelweider ist nicht meiner Meinung: „Aber Frau Kollegin, da hat Doktor Schöner doch recht. Sie können sich doch wirklich denken, daß hier die Scheidungsklage einzubringen ist, was denn sonst?"

Jetzt verliere ich den Überblick. Ich sage nichts. Ich sehe Rot. „Was denn sonst?" Jetzt sagt er das auch noch. Ich höre nicht, was um mich geschieht, ich sehe nur Rot. Am liebsten würde ich alle Akten in die Luft schleudern oder zerfetzen oder alle Bücher beim Fenster hinausschmeißen oder den beiden, Vogelweider und Schöner, sämtliche Akten an den Kopf schmeißen. Aber ich sitze ganz ruhig da, „... was sonst?..." „Das können Sie sich doch denken." ... „Lesen Sie, bevor Sie fragen" ...„Was denn sonst?". ..„Lesen Sie doch!"...„Können Sie nicht lesen?" ... „Lesen können Sie auch nicht" ... „Was können Sie eigentlich?" ... „Wann lernen Sie denken?" ... „Was haben Sie sich denn gedacht?" ...„Nichts haben Sie sich gedacht!" ... „So kann man nicht arbeiten" ... „Denken Sie doch!" ... „Ich fürchte, Sie können sich nicht unterordnen!" ...„Wir sind eine strenge Hierarchie!" ... „Die Härte!" ... „Die Härte müssen Sie lernen!" ... „Undemokratisch, Sie sind undemokratisch!" ... Die Kanzleibesprechung erlebe ich wie durch einen Schleier. Ich habe nur einen Gedanken im Kopf: Genug!

Es wird schwierig sein, eine neue Stelle zu finden. Es wird unmöglich sein. Ich werde nichts finden. Trotzdem! Es geht nicht mehr! Ich muß weg! Ich kann nicht mehr! Ich werde eine Stelle als Vertreterin finden. Da kritisiert mich wenigstens keiner. Matura, Studium, alles umsonst. Egal! Ich will Ruhe haben.

Am nächsten Tag verfasse ich mein Kündigungsschreiben und lege es Vogelweider auf den Tisch. Dann sage ich Schöner, daß ich gekündigt habe. Ich habe vier Wochen Kündigungsfrist, werde also am dreißigsten Juni gehen. Ich habe genau ein Jahr ausgehalten. Ich bin jetzt erleichtert. Nun kann es nur noch besser werden.

Schöner kommt in mein Zimmer: „Katharina, bitte, Katharina, nimm' die Kündigung zurück. Ich verspreche, es wird nicht mehr vorkommen, daß ich in so einem Ton mit dir rede.

Bitte, Kant ist nicht da, er weiß es noch nicht, du kannst die Kündigung noch zurücknehmen. Bitte, Katharina!" Es tut mir gut, daß er mich so bittet, aber es ändert nichts.

Am Abend nach der Kündigung gehen wir zusammen am Schloßberg spazieren. Zunächst war ich über meine Kündigung erleichtert. Jetzt bin ich deprimiert. Ich habe das Bedürfnis, mich mit jemandem auszusprechen. Ich will reden, aber mir ist, als hätte ich einen Korken im Hals. Ich will mich mit ihm auf eine Bank setzen, meinen Kopf an seine Schulter lehnen und weinen. Wir gehen wortlos nebeneinander. Ich fühle mich steif und verkrampft. Der Druck in mir wird immer stärker. Es muß etwas geschehen. Ich muß reden. Also rede ich. Ich rede von autoritären Strukturen, von dem repressiven Klima und von Autoritätsängsten, nur nicht von mir.

Wir kommen an „unserer Bank" vorbei. Wir setzen uns hin und schauen auf die Stadt. Ich kann nichts sehen. Ich fühle nur Druck in mir. Wir gehen weiter. Schöner redet kaum. Ab und zu sagt er nur, daß er mich verstehe, aber daß das doch alles nicht so schlimm sei, daß ich deswegen kündigen müsse.

Wir trennen uns vor der Haustür. Ich lege mich ins Bett. Ich kann nicht schlafen und wälze mich herum. Was mache ich? Wegen Schöner habe ich gekündigt, zumindest war er der Auslöser. Er ist ein Teil von denen. Er gehört zu ihnen. Was erwarte ich von ihm? Ich will, daß er mich in die Arme nimmt und sagt: „Mein armes, kleines Schatzi-Putzi." Er soll mich streicheln und trösten und sagen: „Mein Armes, Kleines, wir werden uns alle bemühen, recht lieb zu dir zu sein, damit du dich nicht kränkst."

Am nächsten Tag sage ich ihm, daß ich meine Beziehung zu ihm als beendet betrachte.

35

Als ich am darauffolgenden Montag in der Bibliothek saß, kam Vogelweider zu mir und sagte, daß er und Doktor Schöner noch einmal mit mir über meine Kündigung reden wollten. Ich sagte, daß ich darin nicht viel Sinn sähe, daß ich genausogut gegen einen Brückenpfeiler reden könne. Er schluckte und holte erst einmal tief Luft: „Ich würde Sie aber doch bitten, daß Sie sich zu diesem Gespräch bereit erklären."

Da saßen wir nun. Schöner, Vogelweider und ich. Es war während der Arbeitszeit, und ich wunderte mich doch über den Aufwand. Drei Juristen auf einmal. Was das kostet! Vogelweider sprach in seiner langsamen, bedächtigen Art: „Frau Kollegin, wir haben Sie also hierher gebeten, um Sie zu ersuchen, sich diesen für Ihren weiteren Lebensweg doch sehr einschneidenden Schritt noch einmal zu überlegen. Ich glaube, es wäre unvernünftig, wenn Sie jetzt die Flinte ins Korn würfen." Er machte eine kurze Pause. Es herrschte feierliche Stille: „Es ist mir schon bewußt, Frau Kollegin, daß wir uns vielleicht nicht immer so verhalten haben, wie es für Sie zu wünschen wäre, aber ich gebe zu bedenken, daß wir das alle mitgemacht haben. Die ersten zwei Jahre in diesem Beruf sind sehr schlimm. Die ersten zwei Jahre sind die schlimmsten Jahre in der ganzen Berufsausbildung. Ich weiß das, Frau Kollegin, mir war es auch nicht immer leicht, das müssen Sie glauben. Ich möchte Ihnen sagen, da müssen Sie, wie man so sagt, durchtauchen."

Er machte eine Pause und schüttelte sorgenvoll den Kopf. Dann setzte er fort: „Frau Kollegin, Sie müssen sich da halt schon ein etwas dickeres Fell aneignen." Mir fiel der Spruch ein: „Wenn das Fell dick genug ist, kann man auch ohne Rückgrat stehen." Ich sagte nichts. Ein wenig war ich schon gerührt, daß er sich solche Mühe gab. Ich fragte mich, warum tut er das. Schöner saß nur stocksteif da und schaute geradeaus. Er sah schlecht aus, aufgedunsen und bleich.

Vogelweider sprach weiter: „Denken Sie doch, es dauert jetzt nicht mehr lange. Sie sind jetzt ein Jahr bei uns, in einem Jahr wird dann Ihr Kollege, Herr Doktor Brunnhuber ausscheiden, und sie rücken dann nach. Es kommt dann jemand anderer, der neu ist."

Ich konnte es mir nicht verkneifen zu sagen: „Auf den kann ich dann treten, wunderbar."

Er quälte sich weiter: „Es ist mir schon klar, daß wir da auch einen Beitrag dazu geleistet haben, daß es für Sie so schlimm ist.

Für meinen Teil verspreche ich Ihnen, mich zu bemühen, daß es für Sie annehmbar wird.

Ich sagte: ,,Herr Doktor Vogelweider, Sie haben dazu eigentlich nur durch Ihr Schweigen beigetragen, welches ich als Zustimmung werte."

Vogelweider sah mich an und ich merkte, daß es ihm jetzt leid tat. Er wirkte, als hätte er ein schlechtes Gewissen. Ich sagte noch: ,,Herr Doktor Schöner hat allerdings sehr tätig mitgewirkt."

Jetzt meldete sich Schöner zu Wort: ,,Frau Kollegin, ich möchte mich bei Ihnen jetzt in aller Form dafür entschuldigen und ich verspreche, daß so etwas nicht mehr vorkommen wird, nämlich daß ich in solch einer Art mit Ihnen spreche."

Mir war die Situation peinlich. Ich sagte: ,,Jetzt muß ich einmal etwas klären. Es geht hier nicht darum, daß Sie sich hier bei mir entschuldigen sollen oder mich bitten sollen, daß ich bleibe. Es rührt mich, daß Sie es tun. Ich finde es wirklich sehr nett von Ihnen, daß Sie sich solche Mühe geben, mich zum Bleiben zu überreden. Das hätten Sie überhaupt nicht nötig. Wenn Sie ein Inserat aufgeben, daß Sie einen Konzipienten suchen, dann werden sich hundert melden, zehn von denen sind gar nicht so blöd und außerdem bereit, sich von Ihnen täglich zusammenscheißen zu lassen, Tag und Nacht zu arbeiten und Ihnen außerdem noch die Schuhe zu putzen. So ist die Situation. Aber Ihre Versuche, mich umzustimmen, sind nicht zielführend. Es hat keinen Sinn!"

Vogelweider fing wieder von vorne an. Er redete und redete und zog alle Register. Das Gespräch dauerte zwei Stunden. Zum Schluß sagte er: ,,Frau Kollegin, überlegen Sie es sich gut. Sie tun hier etwas, was Sie vielleicht einmal bereuen werden. Es wäre wirklich schade, wenn Sie aufgeben."

Ich schwieg. Er redete wie der gute Papi, der dem kleinen Dummi sagt, was es tun soll. Er redete von meiner Zukunft. Meine Zukunft geht ihn einen großen Dreck an. Er soll sich lieber um seine Zukunft kümmern. Weil ich das Gespräch beenden wollte, sagte ich, daß ich es mir noch einmal überlegen würde. Dann ging ich.

Kaum in meinem Zimmer, läutete das Telephon. Schöner war dran. Er sagte, daß es ihn freut, daß ich es mir wenigstens noch einmal überlegen wollte. Dann fragte er, ob ich mit ihm Abendessen gehe in das Hotel Schloßberg. Ich sagte nein. Kaum war ich zu Hause, rief er wieder an. Ich sagte ja. Am nächsten Tag zog ich meine Kündigung zurück.

36

Von Brunnhuber erfuhr ich, daß er im September auf ein Rhetorikseminar gehen sollte. Ich fragte mich, warum man nicht auch mich dazu aufgefordert hatte. Kant war inzwischen wieder aus dem Urlaub zurück. An einem Freitag, etwa um fünf Uhr nachmittags, es war sonst niemand mehr in der Kanzlei, begegnete ich ihm im Vorzimmer. Ich fragte ihn, warum ich nicht dieses Seminar besuchen durfte. Kant schaute mich einen Moment lang an, als wüßte er nicht, was er sagen sollte: „Sie haben es sich endgültig mit mir verscherzt", meinte er. Auf meine Frage: „Wieso?" antwortete er: „Weil Sie es damals abgelehnt haben, in das Gedächtnis-Training-Seminar zu gehen." Vor einigen Monaten hatte er mir einen Prospekt gegeben, in welchem ein Gedächtnis-Training-Seminar angekündigt war und mir gesagt, ich solle bekannt geben, ob ich dieses Seminar besuchen wolle. Nachdem ich mir den Prospekt angesehen hatte, legte ich Kant einen Zettel in sein Fach mit der Mitteilung, daß ich dieses Seminar nicht besuchen würde. Vielleicht war es ein Fehler, nicht den Grund dafür angegeben zu haben. Ich sagte: „Wenn Sie schon derartige Konsequenzen daran knüpfen, so könnten Sie mir vielleicht einmal Gelegenheit geben zu erklären, warum ich dieses Seminar nicht besuchen wollte." Er antwortete: „Wenn Sie Lust haben, dann kommen Sie mit mir ins Kaffeehaus." Ich war überrascht, Kant sagte: „Kommen Sie mit mir ins Kaffeehaus!" Das war etwas Neues! Kant im Kaffeehaus! Ich konnte mir nicht vorstellen, daß Kant in einem Kaffeehaus sitzt. Schon gar nicht, daß er so lässig sagt: „Kommen Sie mit mir ins Kaffeehaus!" Also ging ich mit ihm ins Kaffeehaus.

Wir setzten uns in den Garten. Er fragte mich, ob ich Sekt trinken wolle. Sekt am hellen Tage! Ich war platt. Ich wollte aber keinen Sekt, weil mir darauf immer gleich schlecht wird. Er trank den Sekt allein. Ich fing an zu reden: ,,Ich werde versuchen, Ihnen zu erklären, warum ich dieses Gedächtnis-Training-Seminar nicht besuchen wollte. Ich habe mir das damals lange überlegt, bin dann zu dem Ergebnis gekommen, daß ich zuerst einmal wissen muß, was ich mir merken soll, bevor ich ein Gedächtnis-Training mache. Ich habe Ihnen ja schon gesagt, daß ich seit einiger Zeit das Gefühl habe, eine Sperre in meinem Kopf zu haben. Deshalb muß ich erst den Blick für das Wesentliche wiedergewinnen ..."

Er unterbricht mich: ,,Den haben Sie wahrscheinlich nie gehabt."

Ich bin für einen Moment sprachlos. Dann versuche ich es noch einmal: ,,Ich glaube, daß ich durch ein Gedächtnis-Training noch mehr Blockierungen herbeiführen würde. Ich will nicht etwas in meinen Kopf hineinbringen, sondern ich will etwas aus meinem Kopf herausbringen. Ich muß meinen Kopf freimachen! Ich habe den Eindruck, daß zu viel Neues auf mich eingestürzt ist. Daß ich zu viel gelernt habe und dabei doch nichts gelernt habe. Habe ich mich verständlich gemacht? Wenn Sie also sagen, daß ich den Überblick nicht habe, so ist es richtig. Es stellt sich nur die Frage, wie ich ihn bekomme. Ich glaube nicht, daß mir in der jetzigen Situation ein Gedächnis-Training helfen kann. Aber später würde ich natürlich gern eins machen. Aber jetzt, ich weiß nicht, ob es das richtige Wort ist, irgendwie erscheint es mir zu formal."

Ich bin mir nicht sicher, ob er mir zuhört oder nicht. Er sieht mich mit so einem merkwürdig leeren, glasigen Blick an. Mir ist, als würde er zwar meine Worte hören, aber als würde er sie nicht aufnehmen. Es ist erstaunlich, daß er mich so lange reden läßt, ohne mich zu unterbrechen.

Jetzt sagt Kant: ,,Frau Kollegin, Sie wissen gar nicht, wie wichtig das Formal-Denken ist." Er hat mich also nicht gehört! Er hat also nichts gehört von all dem, was ich gesagt habe außer dem letzten Wort. Soll ich jetzt noch einmal von vorn anfangen? Ich denke eine Weile nach. Vielleicht war das Wort ,,formal" nicht richtig in diesem Zusammenhang. Ich muß versuchen, es ihm auf eine andere Weise klar zu machen: ,,Vielleicht war es doch das falsche Wort. Wenn ich etwas nicht weiß, dann liegt es meistens daran, daß ich keinen Überblick habe, nicht weiß, was wichtig ist und nicht daran, daß ich ein schlechtes Gedächtnis habe."

Kant antwortet: ,,Die wenigsten Menschen können formal denken. Es wäre wichtig, das Formal-Denken zu trainieren."

Ich merke, daß meine Füße eiskalt sind. Ich habe die Beine unter dem Stuhl verschränkt und mir dabei das Blut abgesperrt. Mir fällt nichts mehr ein, was ich noch sagen könnte.

Wir gehen in die Kanzlei zurück, reden krampfhaft irgend etwas und verabschieden uns dann. Er sagt noch, daß er mich für das Rhetorikseminar anmelden werde, und ich nehme dankbar an.

Auf dem Heimweg dachte ich darüber nach, was er mit diesem ,,Formal-Denken" gemeint haben könnte. Mir fiel seine Fehde mit Kanonik ein. Diesen Streit mit einem Rechtsanwaltskollegen trug er in Form eines Briefwechsels aus. In seinem letzten Brief hatte Kanonik Kant als einen ,,Defensor praesidentis" bezeichnet. Er hatte praesidentis mit ,,ae" geschrieben statt mit ,,e" oder mit ,,e" statt mit ,,ae", jedenfalls falsch. Kant schrieb ihm als Reaktion einen langen Brief, der sich nur auf diesen Fehler bezog. So schrieb er: ,,... daß man es doch unterlassen möge, mehr Fremdwörter als unbedingt nötig zu verwenden und überhaupt sei es tunlich, keine lateinischen Fremdwörter zu verwenden, da doch bedauerlicherweise die Rechtsanwaltschaft nicht mehr Latein könne ..." Kant dürfte sich dabei besonders geistreich vorgekommen sein.

Meint Kant das mit seinem ,,Formal-Denken"? Seine Äußerung über Peter fiel mir ein. Das war, nachdem Peter ein Referat über das Mietrechtsgesetz gehalten hatte. Kant sagte damals über Peter, daß er ein schlechter Jurist sei, daß er nichts könne. Auf meine Frage, warum er dieser Meinung sei, antwortete er: ,,Als guter Jurist darf man nicht immer seine eigenen Positionen hereinbringen. Das Mietrechtsgesetz muß juristisch erarbeitet werden. Eine persönliche Betrachtungsweise hat in der Juristerei nichts verloren, Frau Kollegin." – Ich antwortete ihm damals: ,,Ich weiß, Herr Doktor Kant, die Juristerei ist wertfrei." Sehr erstaunt sah er mich dann an. ,,Natürlich! Natürlich hat der Jurist es so aufzuarbeiten. Wertfrei nämlich!", rief er aus. Hat er das mit ,,Formal-Denken" gemeint?

37

Ich fand eine Mitteilung Kants in meinem Fach: ,,Wollen Sie sich zwecks Erarbeitung einer Nichtigkeitsbeschwerde mit dem Tatbestandsmerkmal ,Qualen' und mit den strafprozeßrechtlichen Nichtigkeitsgründen rasch und intensiv auseinandersetzen?" Zwar war mir die causa, auf die sich das bezog, nicht bekannt, aber aus irgendeinem Grund war ich der Meinung, daß wir den ,,Gequälten" als Privatbeteiligten vertraten. Vielleicht, weil ich mir etwas anderes gar nicht vorstellen konnte. Ich war immer froh, wenn ich etwas anderes machen konnte als diese langweiligen Exekutionsakten. Daher schrieb ich zurück: ,,Ja, gerne!"

Für diese Arbeit hatte ich eine Woche Zeit. Da ich noch andere, dringendere Sachen zu tun hatte, konnte ich nicht gleich anfangen, nahm mir aber vor, das Wochenende dazu zu verwenden. Erst am Donnerstag sah ich mir den Akt an. Am Montag sollte das Ergebnis meiner Arbeit schon vorliegen. Ich stellte mit Entsetzen fest, daß wir nicht den ,,Gequälten" vertraten, sondern drei Wachbeamte, die in erster Instanz bereits wegen ,,Quälen eines Gefangenen" verurteilt worden waren. Der Akt war ziemlich dick. Jetzt konnte ich nicht mehr aus. Zumindest hatte ich nicht den Mut zu sagen, daß ich doch nicht wollte. Schließlich hat mich Kant ja gefragt, ob ich es machen will. Mit Todesverachtung machte ich mich also über den Akt her.

Der vom Erstgericht festgestellte Sachverhalt war der, daß ein Strafgefangener sich in Selbstmordabsicht mit einem Strick aufgeknüpft hatte. Sein Zellennachbar war aufmerksam geworden und hatte die Wachbeamten alarmiert. Die Beamten kamen, der Strick wurde abgeschnitten, und der Häftling fiel herunter. Die

Beamten schoben den Zellen-Kameraden weg und bearbeiteten den Gefangenen nun mit Händen und Füßen, um ihn wieder zu „Bewußtsein" zu bringen. Dann wurde er von der Zelle in das sogenannte „Gitterbett" geschleppt. Dabei wurde er so transportiert, daß er an den Mauern und Türstöcken anschlug. Das Gitterbett war eine Art von Käfig, welcher üblicherweise im Gefängnis dazu verwendet wurde, Randalierende und sonstige „Auffällige" zu „verwahren". Dieser Käfig sah aus wie ein Gitterbett, war aber auch nach oben hin geschlossen. Als ich während meiner Studienzeit im Rahmen des Strafprozeßunterrichts an einer Exkursion ins Gefängnis teilnahm, wurde uns auch das Gitterbett gezeigt. Der uns herumführende Beamte sagte, daß die Gefangenen, die einen Selbstmordversuch gemacht hatten, dort hineinkämen, bis sie sich beruhigt hätten. Er erzählte uns, daß die, die sich die Pulsadern aufschnitten, einen Notverband angelegt bekämen, dann ins Gitterbett gesteckt würden und „da nehmen sie sich meistens den Notverband ab und erhängen sich im Gitterbett." Auf den entsetzten Ausruf einer Kollegin antwortete der Beamte: „Schaun'S, wir müssen alle einmal heimgehen." Sie steckten ihn also ins Gitterbett, nachdem sie ihn nackt ausgezogen hatten, um ihn, wie sie aussagten, vor Selbstmord durch Erhängen an Kleidungsstücken zu schützen. Dann öffneten sie alle Fenster und Türen, so daß es durchzog. Der Gefangene saß viele Stunden nackt und frierend in dem Käfig. Nach einiger Zeit verlangte er nach einem Gefäß, um urinieren zu können, dies wurde ihm verweigert. Weiter verlangte er Dekken, weil ihm kalt war, auch dies wurde ihm verweigert. Als er den Harn nicht mehr zurückhalten konnte, urinierte er in das Gitterbett bzw. auf den Boden.

An dem Gefangenen wurden eine Menge blauer Flecken und Blutergüsse festgestellt. Nach Aussage der Angeklagten waren diese blauen Flecken dadurch entstanden, daß der Gefangene nach Abschneiden des Stricks zu Boden gefallen war. Dies war aber, gemäß Gutachten eines Sachverständigen, nicht möglich, schon allein deshalb, weil am ganzen Körper blaue Flecken waren.

Die Wachbeamten hatten am Erstgericht einen anderen Verteidiger. Erst im Rechtsmittelverfahren wurde Kant mit der Verteidigung beauftragt. Nachdem ich die ganze Geschichte gelesen hatte, wurde mir übel. Was bin ich doch für ein Idiot, daß ich mir den Akt nicht angesehen habe, bevor ich ja gesagt habe. Jetzt habe ich die Sache hier liegen und kann nach allen Regeln der Kunst Verteidigungsmaterial für die drei Schläger zusammensuchen.

Eine ganze Reihe von Mithäftlingen hatte ausgesagt, daß sie Schreie gehört hätten. Es war keiner von ihnen dabei, als der Häftling mit Fußtritten und Faustschlägen ,,zu Bewußtsein gebracht" wurde, aber es wurden Schreie gehört. Die Verteidigung war der Ansicht, daß die Schreie simuliert waren. Natürlich, möglich ist alles! Möglich ist alles, nur nicht wahrscheinlich. Mir zumindest erschien es nicht wahrscheinlich. Und waren die blauen Flecken auch simuliert? Natürlich, auch das gibt es! – Selbst beigefügt!

Auf der Uni beschaffte ich mir sämtliche Literatur, die es über Qualen im Sinne des Tatbestandes gibt und sämtliche prozeßrechtliche Literatur bezüglich Nichtigkeit wegen Mangelhaftigkeit des Verfahrens. Darunter fällt, wenn Widersprüche unter den Zeugenaussagen nicht gewürdigt werden, wenn angebotene Beweise nicht aufgenommen werden, wenn im Urteil ein Sachverhalt festgestellt wurde, der mit der Aktenlage nicht übereinstimmt. Mühselige Kleinarbeit stand mir bevor. Es galt, sämtliche Protokolle genauestens in Hinblick auf Widersprüche zu überprüfen. Ich las alle Zeugenaussagen und Protokolle jeweils fünf Mal. Ich konnte kaum essen wegen des andauernd schlechten Gefühls im Magen. Ich träumte von Faustschlägen, Fußtritten und den in der Wissenschaftssprache der Gutachter beschriebenen Verletzungen.

Schöner besuchte mich. Ich fragte ihn, warum Kant so etwas übernimmt. Schöner sagte, Kant meine, es sei nicht Aufgabe des Rechtsanwalts zu moralisieren. Aufgabe des Rechtsanwalts sei es, zumindest dafür zu sorgen, daß der Angeklagte ein vorschriftsmäßiges Verfahren bekommt. Das zumindest.

Am Montag hatte ich alles fertig. Ich sollte mit Kant das Ergebnis meiner Arbeit besprechen, dazu bat er mich in sein

Zimmer. Bevor ich anfing, fragte ich ihn, was das eigentlich für Leute wären, die Angeklagten. „Das sind ganz normale junge Leute." Ich fragte, ob er mir ganz privat die Frage gestatte, wie die Sache seiner Meinung nach denn gewesen wäre.

„Was ich glaube, ist uninteressant. Fest steht, daß hier prozeßrechtliche Vorschriften außer acht gelassen wurden. Es ist eine Schande, wie voreingenommen die Richter sind. Es ist eine Schande, wie sehr nur jene Ergebnisse des Beweisverfahrens gewertet wurden, die für die Angeklagten ungünstig sind, wie Beweise, die für die Angeklagten günstig sind, außer acht gelassen wurden. Erschreckend ist die Vorgehensweise der Richter in der Feststellung des Sachverhalts. Es wurde im Urteil nur festgestellt, daß es Nacht war und daß der Häftling gefroren habe. Woher weiß man das? Hat er wirklich gefroren? Es wurde weder ein Wettergutachten beantragt noch festgestellt, ob es wirklich kalt war. Zu jenem Zeitpunkt und zu jenem Ort. Es wurde nur festgestellt, daß an jenem Tag eine Temperatur von soundso viel Grad herrschte, nicht jedoch geprüft, welche Temperatur unter Berücksichtigung der Mauerstärke usw. in jenem Raum des Gefangenenhauses war. Es ist durchaus denkbar, daß es in dem Gebäude wesentlich wärmer war, als draußen, da die Wärme drinnen gespeichert wurde." Er sprach, als hielte er jetzt schon sein Plädoyer. Er sprühte vor Temperament und Engagement. Es blitzte nur so aus seinen Augen. „Der angeblich Gequälte hatte zuerst einen Falschen wiedererkannt. Es wurden ihm einige Beamte gegenübergestellt. Er sollte sagen, welche es gewesen wären. Zunächst aber hat er einen Beamten wiedererkannt, der nachweislich an diesem Tag gar nicht Dienst hatte. Dies wurde von den Richtern völlig übergangen und im Urteil nicht erwähnt. Noch ein Beispiel! Die Mithäftlinge haben ausgesagt, sie hätten gehört, daß das Opfer geschlagen wurde. Frau Kollegin, wie kann man hören, daß jemand geschlagen wird? Man kann nur Geräusche hören, die wie Schläge klingen, und man kann Geräusche hören, die wie Schreie klingen, aber man kann nicht hören, wie jemand geschlagen wird. Das kann man nur sehen. Auch das hätte im Rahmen der Beweiswürdigung erörtert werden müssen. Sie sehen, das Verfahren wurde von A bis Z mangelhaft geführt. Um nun auf Ihre Frage zurückzukommen, Ihre Frage, was ich glaube. Ich glaube, daß das Verfahren mangelhaft geführt wurde, das ist es, was ich glaube, sonst nichts. Ich glaube, daß das Verfahren nicht rechtmäßig war." Er sah mich an. Er imponierte mir. Was er sagte, hatte Hand und Fuß.

„Und außerdem, was sind schon Qualen? Wie kalt muß es sein, damit es quälend ist? Was sind schon Qualen? Sind es Qualen, wenn Ihnen kalt ist? Kann man sagen, ich habe Qualen gelitten, ich habe gefroren? Kann man das sagen? Kann man sagen, man habe Qualen gelitten, weil man nicht aufs Klo konnte? Frau Kollegin, neulich hatte ich einen Klienten hier, der ist drei Stunden dagesessen. Die ganze Zeit hätte ich schon auf die Toilette gehen müssen. Ich bin nicht gegangen, weil ich dieses Gespräch nicht abbrechen wollte. Habe ich deswegen Qualen gelitten?"

Ich entgegnete ihm: „Nackt in einem Käfig eingesperrt zu sein und dann nicht urinieren zu können, ich glaube schon, daß es qualvoll ist."

„Er konnte ja, er hat zwar kein Gefäß bekommen, aber er konnte ja, was er schließlich auch getan hat."

Zu meiner klammheimlichen Freude ist der Nichtigkeitsbeschwerde dann doch nicht stattgegeben worden. Als Kant von der Verhandlung beim Obersten Gerichtshof zurückkam, erzählte er, daß die Richter die Angeklagten als eine Schande für die Justiz bezeichnet hätten.

„Das ist auch meine Meinung", sagte ich.

Kant schüttelte den Kopf. Wahrscheinlich dachte er: „Die lernt das Formal-Denken nie."

38

Der Urlaub ist zu Ende. Wir arbeiten wieder. Ich schlage einen Akt auf, und es trifft mich fast der Schlag. Hier wurde der Termin für die Verteilung des Verkaufserlöses versäumt. Das Geld wurde an die anderen Gläubiger verteilt. Zu spät! Dreißigtausend Schilling sind futsch. Wir hätten die Tagsatzung besuchen oder schriftlich anmelden müssen. Wie ist das passiert? Der Termin war doch in dem Buch eingetragen. Warum ist niemand hingegangen? Meine Schuld ist es nicht. Vor dem Urlaub habe ich meine Akten ordnungsgemäß weitergegeben und dafür gesorgt, daß alle Fristen und Termine eingetragen sind. Wie teile ich das unserem Klienten mit? Die Kanzlei muß das ersetzen. Die Versicherung deckt das nicht, das fällt unter den Selbstbehalt. Ich muß es einem der Chefs mitteilen. Also gehe ich mit dem Akt zu Schöner und sage es ihm. Er ist auch einigermaßen erschrocken und überprüft, wie das passieren konnte. Es stellt sich heraus, daß Schöner selbst den Termin im Kalender durchgestrichen hat. Es war ein Irrtum. Er war der Meinung, daß dieser Termin nicht besucht werden müsse.

Ich sage zu Schöner: ,,Wenn das Kant erfährt, dann wird es ein schönes Donnerwetter geben. Wenn ich an neulich denke, wie er Vogelweider zur Schnecke gemacht hat wegen der Frist mit dem Scheck. Dabei ging es damals nur um zweitausend Schilling. Kant hat so einen Zirkus aufgeführt, daß man hätte meinen können, daß die Kanzlei demnächst in Konkurs geht wegen dieser zweitausend Schilling.“

Dazu meint Schöner: ,,Der wird sich überhaupt nicht aufregen, weil er es nicht erfahren wird.“

,,Er wird es schon erfahren, weil demnächst die Mitteilung vom Gericht kommen wird, daß wir bei der Verteilung nicht berücksichtigt wurden.“

,,Er wird es nicht erfahren. Ich werde in den nächsten Tagen früher als sonst in die Kanzlei kommen und werde mir die Postmappe ansehen, bevor Willi sie bekommt.“

,,Bravo, Bravo, das hast du dir ja super ausgedacht. Was bist du für ein Schlappschwanz! Früher in die Kanzlei kommen und heimlich aus der Postmappe rauszupfen! Kant ist doch dein Partner! Bist du denn nicht Manns genug, ihm zu sagen: Lieber Willi, das ist mir passiert, wir müssen das ersetzen. Aber nein, du stehst früher auf und nimmst es heimlich aus der Postmappe, damit es Willi nicht sieht. Stellst dich vielleicht noch hinter einen Baum und wartest, bis der Briefträger kommt.“

„Katharina, mach' doch nicht so ein Theater. Es ist doch nur, damit Willi sich nicht so aufregt!"

Ich sage: „Damit Willi nicht gereizt wird! Damit Willi nicht böse wird! Damit Willi nicht schimpft!"

Schöner sitzt da und schaut mich an: „Was soll ich denn tun?"

„Ihm endlich sagen, daß er sich nicht so aufführen soll!"

Er schaut mich entgeistert an: „Da hast du recht. Auf diese Idee wäre ich nicht gekommen."

Er hat das Papier dann doch aus der Postmappe herausgeholt. Viel später erfuhr ich, daß das alle taten. Alle zogen sie Schriftstücke aus der Postmappe, damit Willi nicht böse wird.

39

Schöner hatte wenig Zeit für mich. Wenn wir zusammen waren, war er oft abwesend, weit weg auf dem anderen Stern. Dann war er wieder ganz da. Immer seltener kam er zu mir ins Zimmer. Es war zermürbend. Ich suchte mir immer irgendeinen Vorwand, um zu ihm gehen zu können. Mit der Zeit merkte ich, daß ich ihm lästig wurde.

Ich wollte mich von ihm trennen, schrieb ihm einen kurzen Brief, in dem ich ihm mitteilte, daß die Umstände für mich nicht mehr erträglich sind und daß ich die Konsequenzen daraus ziehen muß. Schöner las den Brief vor meinen Augen. Er nickte und steckte ihn in die Tasche. Als er sich nicht weiter dazu äußerte, fuhr ich ihn an: „Na und?... Was sagst du dazu?" Er meinte nur, daß er sich das ohnehin schon gedacht hätte. Sonst nichts. Er las wieder in dem Akt, der vor ihm lag und ich stand da. Stand da in seinem Zimmer und schien überflüssig. Ich ging hinaus. Ich zitterte.

Von nun an versuchte ich, all die Arbeiten zu übernehmen, die außer Haus zu erledigen waren. Auf vernünftige Arbeit konnte ich mich nicht mehr konzentrieren. So ging ich auf Ämter, fertigte Kopien an oder machte sonstigen Unsinn.

Eines Tages bekam ich von Kant den Auftrag, aus irgendeinem Archiv eine bestimmte Urkunde zu besorgen. Diese Arbeit war mir willkommen. Im Archiv mußte ich warten, ich dachte fortwährend an Schöner. Ich wollte nur zu ihm. Endlich war ich in der Kanzlei. Jetzt war mir alles egal. Ich ging in sein Zimmer. Er schaute auf, offensichtlich nicht erfreut, daß ich schon wieder da war. „Niko, ich halte das nicht mehr aus. Ich halte es nicht mehr aus, daß es zwischen uns so ist, wie es jetzt ist."

Er nahm mich in die Arme und sagte ganz lieb: „Du weißt doch Katharina, daß ich dich lieb habe, du weißt doch, daß ich dir nicht weh tun will. Wir können hier nicht so lange reden, wenn du willst, sehen wir uns am Abend."

Als wir uns dann trafen, war er wieder auf dem anderen Stern. Nach einem kleinen Spaziergang schaute er auf die Uhr und meinte, daß er jetzt gehen müsse. Ich ging in mein Stammlokal, doch traf ich dort keine Bekannten, weil ja Sommer war und alle auf Urlaub waren. Ich ließ mich vollaufen und fuhr dann mit dem Taxi heim. Am nächsten Tag fühlte ich mich mies, unausgeschlafen, häßlich.

Ich war in einen Sog geraten. In einen Sog von Abhängigkeiten, Erniedrigung, Selbstzerstörung.

40

Der neue Referendar hieß Kunz, sah aus wie zehn Juristen und war auch so. Bei der letzten Kanzleibesprechung, an der er teilnehmen sollte, schenkte er Kant zum Abschied ein Exemplar einer von ihm herausgegebenen juristischen Studentenzeitung, die „Humoristischen Blätter". Kant sah sich die Zeitung an und meinte dann, daß er auch schon humoristische Briefe geschrieben habe. Sodann holte er eilig eine Mappe und las Briefe an den Präsidenten der Rechtsanwaltskammer vor. Es ging dabei um die Frage, ob der Ring Symbol für die Rechtsanwaltschaft sein sollte oder nicht. Dabei stellte Kant Betrachtungen über die vielfältige Symbolik des Ringes an. Er las lebhaft vor, lachte laut und in seiner Euphorie sagte er sogar hinter vorgehaltener Hand das Wort „Arschloch". Alle lachten. Auch Schöner.

Nachher sagte er mir, daß er die Briefe blöd und langweilig gefunden habe.

Während Kant seine humoristischen Briefe vorlas und sich königlich amüsierte, lag das Geschenk des Kollegen Kunz völlig unbeachtet auf dem Tisch. Dann meinte er, er könne vielleicht Beiträge an die Zeitung des Kollegen Kunz liefern. Dieser wirkte nicht begeistert und sagte zurückhaltend, aber sehr höflich, daß dies unter Umständen möglich sei. Kant schlug vor, die Zusammenarbeit bei einem gemeinsamen Abendessen zu besprechen.

Das Abendessen sollte im Restaurant Bellevue stattfinden. Es wurde bestimmt, daß wir alle gemeinsam von der Kanzlei aus hinfahren. Ich vereinbarte mit Brunnhuber, in seinem Auto mitzufahren. Es ergab sich, daß auch Kant mit uns fuhr. Beim Einsteigen ins Auto öffnete Kant die Tür, klappte den Sitz nach vorne und bedeutete mir, hinten Platz zu nehmen. Kaum saßen wir, sagte Kant, er werde sich nun rechtsgeschichtlichen Problemen widmen. Kein Mensch wisse, daß es schon im alten Deutschen Recht ein sehr gut ausgebildetes Sozialrecht gegeben habe. Ich fragte ihn, ob zu seiner Zeit das Deutsche Recht noch kein Pflichtfach im Rahmen des Jus-Studiums gewesen sei. Er antwortete mir nicht, sondern sprach weiter: Im Deutschen Recht habe es schon ein Genossenschaftsrecht gegeben. Brunnhuber spielte höflich mit: „Nein, wirklich? Allerhand!" Ein alter Hut. Kant redete weiter. Er sagte, daß jeder glaube, daß nur das Römische Recht ausgebildet gewesen sei und niemand wisse, daß dies auch für das Deutsche Recht Geltung habe, außer ihm, versteht sich.

Ich sitze hinten. Kant spricht. Mit Brunnhuber. Nicht mit mir. Brunnhuber hat wieder Ausrufe des Erstaunens bereit. Hinten sitzend komme ich mir vor wie das kleine Kind, das ruhig sein muß, wenn sich die Großen vorne unterhalten. Dabei würde ich gerne etwas sagen, hätte so viel dazu zu sagen. Auch akustisch bin ich im Nachteil, weil das Auto so laut ist und ich schreien müßte, um mich bemerkbar zu machen. Ich sitze hinten und ärgere mich.

Die Chefin des Hauses führt uns zum Tisch. Sie trägt ein

langes geblümtes Brokat-Abend-Dirndl, im selben Design wie die Vorhänge, Stühle und Bänke. Auf manchen Stühlen befindet sich eine Metallplakette, in welcher ein Name eingraviert ist. An unserem Tisch sind schon die erlauchten Herren Richard Nixon, Henry Kissinger und Jerry Ford gesessen.

Vogelweider war nicht dabei, er war gerade auf Urlaub. Schöner fehlte noch. Er wollte etwas später kommen, da er noch eine Besprechung mit einem Klienten zu führen hatte. Kant machte die Tischordnung. Die zwei Längsseiten des Tisches waren zu besetzen, die zwei kurzen Seiten waren nicht gedeckt. Kant sagte: „Ich werde mich auf diese Seite des Tisches setzen und für Herrn Doktor Schöner lassen Sie bitte dort drüben einen Stuhl frei, damit auf jeder Seite des Tisches ein Rechtsanwalt sitzt." Das war die Tischordnung! Kunz hatte eine Frau mitgebracht. Er stellte sie uns als seine Verlobte vor. Kant verteilte die Weinkarten und hielt einen Vortrag über die Qualität und Preise der verschiedenen Weine. Jeder darf sich einen Wein aussuchen. Kunz sucht sich einen ganz teuren französischen Wein aus, welcher etwa tausend Schilling pro Flasche kostet. Ganz schön unverschämt von dem jungen Mann, denke ich mir. Auch die anderen wählen teure, ausländische Weine aus. Als ich zum Ober sage, daß ich einen Burgenländer will, lachen alle. Warum, weiß ich nicht. Wahrscheinlich, weil das so gewöhnlich klingt nach all den hochtrabenden Namen. Kant sagt, ich solle doch auch einen von den französischen probieren, damit ich einmal etwas anderes kennenlerne und ich sage ja. Ich bekomme dann ein ganz großes Glas und der Ober schenkt mir nur ganz wenig ein. „Ja, man sieht, daß Sie sich nicht auskennen mit Weinen", meint Kant. Ich lächle höflich und denke, daß das ja kommen mußte. Die anderen heben das Glas, auch ich will trinken, doch Kant hält mich zurück: „Nein, Frau Kollegin, das dürfen Sie nicht. Daran sieht man, daß Sie nichts von Weinen verstehen. Der Wein ist noch zu unruhig! Das ist bei kostbaren Weinen so. Sie müssen noch zwei Stunden warten." Ich sage: „Dann hätte ich aber doch lieber einen Burgenländer gehabt, den ich gleich trinken kann." Doch er meint, ich solle lernen, wie man kostbare Weine trinkt. Ich sage nichts und trinke immer dann, wenn er gerade nicht hersieht. Der Ober hat unser Gespräch mitbekommen und schenkt immer blitzschnell nach.

Es herrscht frostige Stimmung. Alle wirken steif und beklommen, als hätten sie gerade einen Besen verschluckt. Inzwischen ist Schöner gekommen. Auch er sitzt da wie ein Klotz und schweigt. Peinliches Schweigen. Jetzt kommt der Ober und nimmt die Essensbestellung auf. Kant betreibt das beliebte Spiel „Ober pflanzen". Der Ober hat sämtliche Speisen, die einen ausgefallenen ausländischen Namen tragen, zu erklären. Immer, wenn der Ober etwas nicht weiß, lacht Kant und schaut triumphierend in die Runde. Die anderen lachen dann auch. Nur ich lache nicht, denn mir ist es peinlich. Ich gebe Schöner unter dem Tisch einen Tritt gegen das Schienbein, er hört auf zu lachen. Kant belehrt nun den Ober: „Das müssen Sie schon wissen. Wenn Sie hier arbeiten, müssen Sie sich auskennen." Die Bestellung ist aufgenommen und der Ober geht. Wiederum peinliches Schweigen. Damit irgend etwas geschieht, erzähle ich von der „Demonstration", die Markus anläßlich der Eröffnung der Salzburger Festspiele inszenieren wollte. Schon Wochen und Monate vor der Eröffnung sprach er davon. Einen Tag, bevor die Demo stattfinden sollte, telefonierte ich mit ihm. Er sagte: „Die Demo wird wahrscheinlich doch nicht stattfinden, weil der Pauli zum Zahnarzt muß." Doch Pauli kam doch noch rechtzeitig vom Zahnarzt zurück. Die beiden trugen ein Spruchband, auf dem zu lesen war: „Den Reichen ihre Hochkultur – dem Volke bleibt das Fernsehen nur." Mit diesem Transparent stellten sie sich vor den Eingang des Festspielhauses. Dann kam alles, was Rang und Namen und Geld hatte. Ein Mann vom Fernsehen bat die beiden, sich besser ins Bild zu stellen. Schließlich fuhr der Unterrichtsminister vor. Er stieg aus, ging geradewegs auf die beiden zu, schüttelte ihnen die Hand und lud sie zu einem Gespräch in sein Ministerium ein.

Ich lachte. Sonst lachte niemand. Schöner lachte nicht, weil Kant nicht lachte. Und weil er nicht lachte, lachten auch die anderen nicht. Kant fixierte mich mit todernstem Gesicht: „Das ist ganz dumm von Ihrem Sohn. Das hätte ich mir nicht gedacht, daß Ihr Sohn so dumm ist."

Immer noch lachend sagte ich: „Wieso? Er hat doch recht!"
Kant sagte: „Ich habe etwas übrig für Revolutionäre, aber das, was Sie und Ihr Sohn da vertreten, das ist dumm. Was haben Sie gegen Hochkulturen? Was haben Sie gegen die Salzburger Festspiele?"

Ich bin wütend und es fällt mir nichts ein. Um irgend etwas zu sagen, sage ich, daß wegen der Festspiele die Wohnungen so teuer sind.

„So etwas Primitives, was Sie da sagen! Das ist reiner Blödsinn. Mit den Wohnungen hat das gar nichts zu tun. Wohnungen sind überall teuer. Das ist ganz primitiv, was Sie da sagen. Überlegen Sie doch, was die Festspiele für Salzburg bedeuten! Denken Sie doch an die Umwegrentabilität! Und es gibt Stehplatzkarten, die sich jeder leisten kann. Jeder. Auch andere Karten kann sich heute jeder leisten. Schauen Sie doch, was sich die Leute heute alles leisten können. Auch das könnten sie sich leisten. Natürlich!"

Ich bin ruhig. Alle sind still. Der Satz: „Das ist primitiv, was Sie da sagen!", steht noch im Raum. Peinliche Stille. Ruhe vor dem großen Knall! Gleich gehe ich mit lautem Knall in die Luft! Ich muß etwas sagen. Ich kann nichts sagen. Ich muß das Thema wechseln: „Sie sagten gerade, daß Sie Revolutionäre schätzen. An wen denken Sie?"

„Lenin! Lenin war ein Formal-Denker!"

Wieder der Formal-Denker! Zwar hatte ich mittlerweile eine Ahnung davon, was er mit „Formal-Denken" meinte, aber wenn er jetzt von Lenin sprach, so paßte das nicht in meine Vorstellung von Formal-Denken. Ich fragte ihn, was er damit meine.

Er antwortete: „Lenin wäre immer ein Revolutionär gewesen, egal wo und wann er auf dieser Welt gelebt hätte."

Er will mich auf den Arm nehmen. Ich lache.

„Sie brauchen gar nicht zu lachen, weil Sie nicht wissen, was ein Formal-Denker ist."

Also meint er es ernst. Ich frage ihn, was er von Lenin gelesen habe.

Er meint, daß Lenin kein großer Schriftsteller gewesen sei

und fügt hinzu: „Stellen Sie sich eine Form mit Wasser vor. Wenn die Form nicht da wäre, so würde das Wasser zerrinnen. Daran erkennt man, daß die Form das Wichtigste ist."

„Ich weiß auch, daß das Wasser zerrinnt, aber ich weiß immer noch nicht, was ein Formal-Revolutionär sein soll."

„Ich glaube gerne, daß Sie nichts verstehen. Man kann nicht denken, wenn man nicht formal denken kann."

Damit hat er mich gemeint. Warum habe ich ihm wieder Gelegenheit gegeben, mir zu sagen, daß ich nicht denken kann. Wie oft hat er mir das jetzt schon gesagt! Am liebsten würde ich ihm seinen teuren, unruhigen Rotwein in seine Visage schütten und ihm sagen: „Jetzt habe ich aber genug von Ihrem saudummen Formal-Geschwätz! Sie fangen an, von Lenin zu reden und haben offensichtlich nichts von ihm gelesen. Ich bin so höflich und blamiere Sie nicht, tue so, als würde ich glauben, daß Sie wissen, wovon Sie reden und dann sagen Sie mir, daß ich nicht denken kann, Sie mieser, spießiger, reich gewordener Angeber, Sie!" Niemand ergreift meine Partei. Ich schweige. Ich würge den Knall hinunter und schweige.

Ich trinke viel von dem teuren Wein. Der Ober dürfte etwas von dem Disput mitgehört haben und will sich nun anscheinend auf meine Seite schlagen. Ohne daß Kant es sieht, stellt er sich hinter ihn, hält ihm zwei gespreizte Finger hinter den Kopf und macht Faxen. Wir lachen. Der Ober freut sich. Kant lacht mit. Obwohl er merkt, daß der Ober ihn verarscht, lacht er mit.

Die Tafel wird aufgehoben und wir gehen. Schöner und ich hatten schon zu Mittag vereinbart, nachher noch ein Glas Wein bei mir in der Wohnung zu trinken. Ich hatte mich darauf gefreut. Jetzt sitze ich in seinem Auto und fühle nur Zorn. Immer dieselben Fragen hämmern in meinem Kopf: Warum lasse ich mir das gefallen? Warum sagt man mir so etwas? Was an mir ist es, das ihm das gestattet? Was an mir ist es, das diese Situation möglich macht?

Vorerst warte ich ab und sage nichts. Ich möchte wissen, was Schöner davon denkt, wie er die Situation empfunden hat. Nach einer Weile sagte er: „Ich verstehe nicht, warum du Willi immer reizen mußt." Dieses Wort. Die Mutter hat es auch immer verwendet: „Reiz' doch den Papi nicht." Schöner redet weiter: „Und außerdem hat er doch recht." Natürlich hat Willi recht. Willi hat immer recht, weil er ja Willi ist.

Eigentlich habe ich vorgehabt, mit Schöner einen gemütlichen, späten Abend zu verbringen, nun aber kann ich es nicht. Es ist mir, als hätte ich Salzsäure geschluckt, als würde sie sich durch meinen Magen fressen und langsam meine Gedärme zersetzen. Ich kann mich Schöner nicht mitteilen. Ich brauche einen Verbündeten! Ich brauche einen, der zu mir hält! So dringend wie noch nie! Wir plaudern noch ein wenig. Ich bitte ihn zu gehen. Er geht. Ich fühle mich allein.

41

Ich sitze in der Bibliothek, um etwas im Wechselgesetz nachzusehen. Ich habe von dem Schuldner eines Klienten einen Wechsel bekommen, und bin mir nicht mehr sicher, ob er richtig ausgefüllt ist. Schöner kommt herein. Er pflanzt sich vor mir auf, er hat wieder sein „Was-kostet-die-Welt-Gehabe": „Was gibt es denn da?" Damit meint er, an welcher causa ich arbeite und was ich da lese. Ich sage, daß ich überprüfe, ob der Wechsel richtig ausgefüllt sei, weil ich nicht wisse, wie das ist, wenn eine GmbH & Co. KG der Aussteller ist. In seinem zynisch-bissigen Ton sagt er: „Da sollte man vielleicht einmal im Gesetz nachsehen." Ich schaue ihn an. Seine Augen sind rot, aus ihnen trieft förmlich der Alkohol, sie blitzen mich böse an. Diese Haltung, der mächtige Körper, das aufgedunsene Gesicht, die blutunterlaufenen Augen. Am liebsten hätte ich ihm den dicken Kommentar zum Wechselgesetz um die Ohren geschlagen. Er geht in sein Zimmer.

Das war der Tropfen, der das Faß zum Überlaufen gebracht hat. Ich fahre nach Hause, tippe auf der Maschine mein Kündigungsschreiben, fahre wieder in die Kanzlei und lege das Schreiben Kant auf den Tisch. Heute ist der Dritte des Monats, ich habe vier Wochen Kündigungsfrist, jeweils zum Dreißigsten des Monats. Vielleicht nimmt Kant meine Kündigung für Ende dieses Monats noch an. Ich habe noch zwei Wochen Urlaub, also müßte ich noch zwei Wochen arbeiten.

Ich mache meine Arbeit und warte darauf, daß Kant mich anruft, um mir zu sagen, ob er meine Kündigung zu diesem Zeitpunkt annimmt oder nicht. Erst am Abend, etwa um halb sechs Uhr, meldet er sich und bittet mich zu sich. Er bittet mich, Platz zu nehmen. „Es ist ja grundsätzlich nichts dagegen einzuwenden, daß man während der Ausbildung einmal den Posten wechselt. Es kann mitunter durchaus vorteilhaft sein, auch eine andere Kanzlei kennenzulernen, eine andere Arbeitsweise, andere causen, andere Klienten. Aber in diesem Fall ist es bestimmt sehr unklug von Ihnen zu gehen. Was Sie hier alles hätten lernen können! Jetzt, wo wir den Computer installieren, die Entscheidungssammlung, die Datenverarbeitung, die Leistungserfassung durch Computer. Es ist wirklich sehr unklug von Ihnen. Aber es war ja zu erwarten, daß Sie die Härte nicht haben."

Ich bin des Diskutierens müde, des Erklärens, des Entgegnens. Ich will mit Kant nicht mehr reden. Ich frage ihn nur noch, ob er der Kündigung zu diesem Zeitpunkt zustimmt und er sagt: „Aber natürlich, wie Sie wünschen, dann also bis zum dreißigsten September und die Frage des Urlaubs regeln Sie bitte mit Herrn Kollegen Vogelweider." Ich bedanke mich und gehe. Ich schließe die Tür seines Zimmers, und mir ist, als würde ich einen Lebensabschnitt hinter mir lassen.

Vierzehn Tage habe ich noch zu arbeiten. Ich weiß nicht, was dann sein wird. Ich hänge in Lokalen herum und, sobald ich Bekannte treffe, jammere ich Ihnen die Ohren voll. Die meisten gehen mir schon aus dem Weg. Trotzdem finde ich immer wieder Opfer, die ich anjammern kann.

42

Brunnhuber fragt mich, warum ich eigentlich gekündigt habe. Ich sage ihm, daß ich das Arbeitsklima nicht mehr ausgehalten habe. Er denkt ein bißchen nach und sagt dann: „Also mir gefällt es. Mir gefällt es richtig. Ich steh' auf die Kanzlei und ich steh' auf meine Chefs. Mit dem Schöner bin ich per du." Daß er mit dem Schöner per du ist, hat er mir mindestens schon fünfmal erzählt, als ob ich es nicht wüßte. Die beiden kennen sich von früher vom Fußballspielen. „Ich steh' auf die Kanzlei, überhaupt seitdem du da bist. Denn seitdem du da bist, ist es richtig klaß geworden in der Kanzlei." Ich fühle mich ein bißchen geschmeichelt und frage ihn, warum es ihm denn so gut gefällt, seitdem ich da bin. Er antwortet mir: „Seitdem du da bist, wirst meistens du zusammengeschissen." Er merkt gar nicht, was er da sagt und schwärmt weiter. Ich sage, daß auch er oft zusammengeschissen würde. Brunnhuber beeilt sich zu sagen: „Nein ... nicht oft ... außerdem ... das macht mir überhaupt nichts, überhaupt nichts." Ich genieße es fast ein bißchen, ihm zu sagen: „Ich sehe doch, wie es dir geht, wenn Kant dich zur Sau macht, glaubst du, ich sehe nicht, wie dann deine Hände zittern, glaubst du, ich sehe nicht, wie dir die Schweißperlen auf die Stirn treten?" Brunnhuber richtet sich auf, schaut mich an, er schaut mich geradezu flehentlich an: „Nein ... wirklich ... das macht mir wirklich nichts."

43

Am nächsten Tag war ich mit Schöner zum Mittagessen verabredet. Ich wartete vor dem Kaffeehaus, weil es geschlossen hatte. Nach einer Viertelstunde kam Schöner endlich und sagte, daß er wegen eines Termins nicht viel Zeit habe. Wir gingen in ein Gasthaus in der Nähe, und ich bestellte mir eine Suppe, weil mir kalt war vom langen Warten im Regen. Schöner wollte nichts essen, weil ihm wieder nicht gut war. Ich schloß daraus, daß er am Vorabend wieder zu viel getrunken hatte.

Wir sitzen uns gegenüber und es ist, als wäre eine Mauer zwischen uns. Ich löffle die Suppe, er trinkt Kaffee. Wir wissen nicht, was mir miteinander anfangen sollen. Er sagt dann ganz unvermittelt: „Du verlangst von uns, daß wir uns ändern. Du kommst in unsere Kanzlei und kritisierst uns. Wegen dir soll sich alles ändern." Ich weiß, daß er recht hat und sage nichts.

Ich kämpfe mit den Tränen und weiß nicht warum. Ich sitze da, löffle meine Suppe und überlege mir, wie das wäre, wenn jetzt die Tränen in die Suppe fielen. Schöner sieht mein Gesicht nicht, weil ich meinen Kopf gesenkt habe. Er redet dann schnell von etwas anderem, sagt irgend etwas über das Restaurant, fragt mich, ob ich hier schon einmal gewesen bin, daß es nett zum Draußen-Sitzen wäre im Sommer, und ich höre ihm gar nicht zu. Er ist Lichtjahre von mir entfernt. Er hat vielleicht doch gemerkt, daß mir zum Weinen zumute ist. Er schwächt jetzt ab: „Ich hab's nicht bös' gemeint, was ich da gesagt habe. Ich weiß schon, daß es nicht so einfach ist." Ich nicke nur, wir zahlen und gehen zurück in die Kanzlei, wortlos. Ich habe nicht mehr die Kraft, an diesem Fremden zu rütteln und zu hoffen, daß er sich wieder in den anderen verwandelt. Ich fühle mich schwach und unglücklich – allein. Wenn ich es nicht für sinnlos gehalten hätte, so hätte ich ihm gesagt, er solle doch versuchen, meine Kündigung rückgängig zu machen.

44

Ich war für das Rhetorikseminar angemeldet. Auch Brunnhuber sollte es besuchen. Ich machte Kant das Angebot, das Seminar selbst zu bezahlen, da die Kanzlei nun kein Interesse mehr an meiner Ausbildung habe, doch Kant lehnte mein Angebot ab. Das Seminar fand in Velden am Wörthersee statt. Es sollte zwei Tage dauern und wurde geleitet von einem deutschen Universitätsprofessor samt zwei Assistenten. Nur Rechtsanwälte und Rechtsanwaltsanwärter nahmen teil. Wir wurden in Gruppen aufgeteilt. In jeder Gruppe waren etwa sechs Teilnehmer. Wie in der Einführung erklärt wurde, war das Ziel des Seminars, den Teilnehmern zu helfen, den jeweiligen, ganz persönlichen Vortragsstil zu finden.

Als erstes sollten Gespräche zwischen jeweils zwei Personen stattfinden und aufgezeichnet werden. Ich wurde einem Rechtsanwalt aus Innsbruck zugeteilt. Dieser Mensch erinnerte mich an irgendein Tier, ich wußte nicht, an welches. Er war mir, obwohl er so eine Art von Zuvorkommenheit hatte, unsympathisch. Er hatte einen leichten Buckel, einen sehr dünnen und langen Hals, darauf einen zu großen Kopf und bewegte sich, als wäre er aus Holz. Er sprach die gewisse Juristensprache mit Tiroler Akzent. Das Thema wurde nicht vorgegeben und mein Partner fing an: „Frau Kollegin, wie gefällt Ihnen Ihre Tätigkeit als Rechtsanwaltsanwärterin?" Damit hatte er in ein Wespennest gestochen. „Schrecklich! Ich finde es einfach schrecklich!" Im selben Moment war mir meine Gefühlsäußerung peinlich und ich stellte die Gegenfrage, wie er denn seine Konzipiententätigkeit gefunden habe. „Ich habe es positiv gefunden." Er wollte noch etwas hinzufügen, doch ich unterbrach ihn: „Was soll denn das heißen? Das ist keine Antwort auf meine Frage! Ich frage Sie nach Ihrer Arbeitssituation und Sie beschreiben es mit ‚positiv'! Man kann doch eine Arbeitssituation nicht mit positiv und negativ beschreiben, das drückt doch nichts aus. Was soll denn das heißen?" Mein Gesprächspartner lenkte ein: „Vielleicht können Sie, Frau Kollegin, beschreiben, was Sie mit diesem Wort ‚schrecklich' meinen." Darauf sagte ich ihm, daß er mir ausweiche, daß er nicht bereit sei, seine Situation zu schildern, daß er mit unbestimmten Begriffen antworte usw. Es ging noch ein paar Mal hin und her, das Gespräch dauerte ungefähr fünf Minuten. Dann wurde uns die Aufzeichnung vorgespielt. Als ich mich hörte, schämte ich mich sehr. Immer wieder war ich meinem Gesprächspartner ins Wort gefallen, hatte keine seiner Fragen beantwortet, war überhaupt nicht auf ihn eingegangen. Ich sprach in einem schrillen, zänkischen Ton. Ich war erschrocken! Ich schämte mich.

Dann sprachen die anderen darüber. Allgemein wurde festgestellt, daß ich im Gespräch aggressiv und nicht kooperativ sei. Das war eine milde Umschreibung. Ich war den anderen dankbar dafür.

Am Nachmittag wurden Kurzreferate aus dem Stegreif gehalten. Ich sprach über Strafvollzug und bemühte mich, ruhig zu bleiben und nicht zu keifen. Das klappte ganz gut, und ich war einigermaßen versöhnt mit mir. Später sollte dann ein längerer Vortrag über ein anspruchsvolleres Thema gehalten werden, welches man sich selbst wählen durfte. Man durfte sich ungefähr eine Stunde lang dafür vorbereiten. Ich redete über die verschiedenen Möglichkeiten, das Wort ,,Marxismus" zu verstehen.

Diesmal wurden die Referate auf dem Bildschirm aufgezeichnet. Als ich mich sah, erkannte ich mich zunächst kaum wieder. Die da zu sehen war, war eine neurotische, hysterische, häßliche Ziege. Von meinem Gesicht sah man nicht viel außer einer langen dünnen Nase. Die gekräuselten Haare hingen tief ins Gesicht. Die getönte Brille verdeckte die Augen. Der Mund wirkte hart und verkniffen. Fahrig waren die Handbewegungen, hochgezogen die Schultern. Die Stimme saß ganz oben im Kopf und war dünn und schrill. Kein Funken von Überzeugungskraft. Eine Vogelscheuche. Diese Frau war mir fremd. Das war nicht ich. Ich versuchte mir vorzustellen, daß diese Frau da auf dem Bildschirm einmal als Schönheit galt.

Gleich nachdem ich die Vogelscheuche auf dem Bildschirm gesehen hatte, kam das Argumentationstraining. Die Partner wurden ausgelost, ich komme wieder an den Tiroler. Unser Thema sollte die Unfallverhütung sein. Die Aufgabe war, die Argumente des anderen zu widerlegen. Mein Partner sollte Vorschläge zur Unfallverhütung von seiten der Öffentlichen Hand machen, ich sollte diese Argumente widerlegen und Gegenvorschläge machen. Er sollte dann wieder meine Argumente entkräften usw. Ich nahm mir vor, möglichst ruhig und sachlich zu bleiben, aber als ich seine Tiroler Juristensprache hörte, verlor ich den Überblick. Ich redete und redete, hielt mich nicht an die vorgeschriebene Redezeit von drei Minuten und ließ ihn nicht zu Wort kommen.

Ich hatte schon gar keine Lust mehr, mir die Aufzeichnung am Bildschirm anzusehen. Gottergeben tat ich es doch. Es war schlimm! Wir saßen einander gegenüber, ich bewegte meinen Kopf wie ein Specht, der auf den Baum einhackt. Das waren keine Argumente, die ich brachte, das war ein Gekeife. Das Gekeife einer äußerst unsympathischen Frau.

Als ich von diesem Seminar nach Hause fuhr, war ich deprimiert. Katharina, was ist aus dir geworden? – Ein keifendes, neurotisches, altes Weib. Was haben sie aus dir gemacht? Was hast du aus dir machen lassen? Wie konnte das geschehen? Die einzige angenehme Erinnerung war, daß der Seminarleiter zu mir gesagt hatte: „Aber Sie gehören doch nicht in diese Provinz-Kanzlei. Da schlagen Sie sich doch nur den Kopf blutig." Auf meine Frage, ob er Kant kenne, sagte er: „Und ob ich ihn kenne. Ich kann Ihnen nur sagen, daß Sie nicht in diese Kanzlei gehören."

45

Ich beschloß, einmal richtig Urlaub zu machen. Mir war, als müsse ich eine Kausalkette unterbrechen. Das Meer und die Sonne genießen. Nicht denken, Sport betreiben. Windsurfen, Segeln, Tauchen. Also buchte ich einen Urlaub in Tunesien.

Sobald ich meinen Urlaub gebucht hatte, fühlte ich mich besser. Ich freute mich wahnsinnig. Schon allein durch die Vorfreude blühte ich auf. Ich aß wieder mehr und meine Haut wurde besser.

Das Wochenende verbrachte ich zu Hause am See. Zu diesem Zeitpunkt besuchte Vogelweider ein Seminar in der Nähe und ich hatte ihn eingeladen, mich am See zu besuchen. Er kam tatsächlich. Ich freute mich über seinen Besuch. Wir setzten uns auf den Steg. Ich breitete auf den Brettern ein Tischtuch aus, und wir tranken Kaffee und aßen Kuchen. Vogelweider erzählte von seiner Schulzeit in Kremsmünster, wo er ein humanistisches Gymnasium besucht hatte: „Das Maturatreffen hat mich an damals erinnert, als ich noch andere Vorstellungen hatte. Und ein Ziel. Das ist jetzt alles weg. Ich habe keine Zeit mehr." Er schaute sehr nachdenklich vor sich hin und wirkte traurig: „Ich habe für nichts mehr Zeit. Nur noch schwer finde ich Zugang zur Jugend. Das tut mir leid. Ich tu' mich überhaupt sehr schwer mit anderen Leuten." Vogelweider war sechsunddreißig Jahre alt. Er sprach wie ein alter Mann. Anscheinend hatte er mit seinen Kleidern auch etwas anderes abgelegt. Er saß hier in der Badehose, an die Holzwand gelehnt, die Beine ausgestreckt und blickte in die Ferne. Er aß Kuchen, die Brösel fielen auf den

Vorsprung, den sein Bauch bildete. Dort blieben sie auch liegen. ,,Es ist alles weg, weit weg. Meine humanistischen Ideale von damals sind fort." Die Böseln lagen noch immer auf dem Vorsprung. Er wischte sie nicht weg. So, als würde es auch dazu nicht mehr reichen.

Wir reden über die Juristen. Er sagt, daß es ihm angenehm sei, mit Juristen zu reden, weil sie in klaren Kategorien dächten. Ich antworte, daß die Welt nicht in Kategorien einzuteilen sei. Vogelweider denkt lange darüber nach. Gemächlich kaut er an seinem Kuchen. Noch immer liegen die Brösel auf seinem Bauch, es kommen neue dazu, ,,aber es ist angenehm, mit Juristen zu reden, weil sie in Ordnungen denken können." Er erzählt von seiner Studienzeit. Wie sehr er das Studium gehaßt habe, er sei immer in einer Dachkammer gesessen und habe dort die Bücher in sich hineingepaukt. Stunden und Tage sei er dort gesessen und habe nur stumpf in sich hineingepaukt. Quälend sei es gewesen. Es habe ihn überhaupt nicht interessiert, und er habe auch keinen Zugang zur Juristerei gefunden. Ich frage ihn, warum er es dann getan habe. Er antwortete: ,,Es war meine Pflicht gegenüber der Familie."

Dann reden wir über die Gründe, die zu meiner Kündigung geführt haben. Ich versuche, ihm zu erklären, warum ich es nicht mehr aushalten konnte. Er nickt verständig. Das Gedicht vom Sockel fällt mir ein. Ich sage es ihm auf:

,,He du, ich bin gestern um dich herumgeschlichen,
Um dein Standbild, auf dem du, Gott sei es geklagt,
Noch so stehst wie vor Jahrtausenden.
Ich bin darum herumgeschlichen und hab' überlegt,
Warum die vielen einzelnen Hammerschläge,
Die ich dir im Laufe der Jahre versetzt habe,
Nur kleine Kratzer bei dir hinterließen,
Und nie warst du in Gefahr zu stürzen.
Zu fest und sicher war dein Stand.
Aber jetzt weiß ich, was dich bewegen wird,
Wieder in gleicher Höhe mit mir zu stehen.
Ich werde den Hammer zur Seite legen und dir

Einfach den Sockel entziehen.
Denn der Sockel, der bin ich."

Vogelweider schweigt. Er denkt nach. Nach einer Weile sagt er in seiner langsamen, bedächtigen Art: ,,Aber ich meine doch, Frau Kollegin, wenn Sie noch eine Weile geblieben wären, dann wären Sie auch auf den Sockel gekommen."

Ich sage nichts. Ich bin traurig. Wir wechseln das Thema. Ich bringe Vogelweider dann zum Zug. Wir verabschieden uns sehr herzlich voneinander.

46

Ich sehe die Inserate in der Anwaltszeitung durch. – Alles Stellengesuche bis auf eines. Ein Rechtsanwalt in T. sucht einen Konzipienten mit Berufserfahrung. Ich rufe an. Die Stimme klingt schlaff, alt. Ich sage höflich mein Sprüchlein: ,,... ich habe Ihr Inserat im Anwaltsblatt gelesen ... Ich würde mich interessieren ... Ich bin ..."

Er wirkt ein bißchen desinteressiert, ein bißchen knapp, ein bißchen unfreundlich. Ich möge vorbeikommen, zum Wochenende habe er Zeit, vielleicht am Samstag, so um 18 Uhr.

Ich mache mir nicht viele Hoffnungen. Ein alter Mann in einem Nest wie T., der wird wohl kaum eine Frau nehmen.

Dr. Hermann Bauer, Rechtsanwalt. Ich gehe hinauf. Die Tür ist nur angelehnt. Ich klopfe. Keine Antwort. Ich drücke die Tür langsam auf. – Grün! Alles grün! Grasgrüne Teppichböden, üppige, von unsichtbaren Scheinwerfern beleuchtete Palmen. Ich sage ganz laut: ,,Guten Tag!" und gehe ein paar Schritte weiter. Da sitzt ein Mann an einer Textverarbeitungsmaschine. Er ist jung und schön. Er wirkt ein bißchen verwirrt, ein bißchen verlegen, er lacht, kommt auf mich zu. Ich bin auch verwirrt. Ich habe einen grantigen, schwerhörigen Tattergreis erwartet. Er bittet mich in sein Zimmer.

Wir sitzen uns gegenüber. Er fragt mich, was ich bisher so gemacht habe. Ich erzähle. Er hört mir zu. Er schaut mich an mit seinen blauen Augen und hört mir zu. Ich bin noch mehr verwirrt. Dann sagt er, daß er jemand brauche, auf den er sich verlassen könne. Er sei fast die ganze Woche in Wien. ,,Ich bin seit kurzem Nationalratsabgeordneter", sagt er und wird ein bißchen rot dabei. Ich überlege, bei welcher Partei wohl. Er trägt einen Steirer-Anzug. Er sagt, daß er gerne eine Frau in der Kanzlei hätte. Ich frage ihn, bei welcher Partei er sei. ,,FPÖ" sagt er. – Stille.

Ich weiß nicht, was ich sagen soll. Ich denke, daß ich jetzt irgend etwas sagen muß. Also sage ich langsam und bedächtig: ,,Nun, das entspricht nicht gerade meiner Weltanschauung – davon abgesehen – ich gehöre keiner Partei an."

,,Bei mir spielt das keine Rolle" antwortet er, ,,ich suche jemand, der tüchtig ist und auf den ich mich verlassen kann. Ich wickle meine gesamte Korrespondenz – auch die politische – über die Kanzlei ab. Ich muß mich auf Sie verlassen können." Dabei schaut er mir fest in die Augen.

,,Selbstverständlich" sage ich schnell mit ebenso festem Blick und weiß selbst nicht warum.

Er sagt, daß sich schon drei andere beworben hätten, aber keiner von denen habe auch nur annähernd so viel Persönlichkeit und so viel Format gezeigt wie ich.

Dann zeigt er mir die Kanzlei. Zwei Sekretärinnen sind beschäftigt, und es ist alles ganz modern eingerichtet. Die Kanzlei gefällt mir. Ich würde dort in Ruhe arbeiten können. Ich würde dort viel lernen. Ich würde völlig selbständig arbeiten. Ich sage zu. Achtzig Kilometer Pendeln täglich nehme ich in Kauf.

Meine Mutter fragt mich, wie er denn sei, der Dr. Bauer. Ich erzähle ihr. Sie lächelt ein wenig, schaut ein bißchen nachdenklich und sagt dann: ,,Wie die jungen Nazis waren. Ganz am Anfang."

47

Mein letzter Arbeitstag in der Kanzlei. Ich sage allen auf Wiedersehen, außer Kant, der ist nicht da. Einen Brief, in dem ich mich höflich, aber sehr förmlich und sehr knapp verabschiede, lege ich ihm auf den Tisch. Ich gehe mit Erleichterung.

Ich habe mit Schöner verabredet, daß wir uns vor meinem Urlaub noch einmal zu einem gemeinsamen Abendessen treffen. Ich weiß, daß seine Frau inzwischen abgereist ist und hoffe, daß er wieder „meiner" ist. Wir wollen uns im Cafe Sorger treffen. Ich bin schon dort, als er durch die Tür kommt. Er trägt Blue Jeans und die schwarze Lederjacke. An seinem Gesicht sehe ich sofort, daß er der „Harte" ist. Auf den Schreck bestelle ich mir gleich einen doppelten Kognak. Lässig setzt er sich an den Tisch und sagt, daß er immer für mich da wäre, wenn ich etwas brauche. Ich frage ihn, was er damit meine. „Ich meine, wenn du berufliche Probleme hast, natürlich auch, wenn du private Probleme hast, dann kannst du dich jederzeit gerne an mich wenden." Ich nehme gleich einen größeren Schluck. Das hat gesessen wie ein Stich ins Herz. Das war eine Abschiedsrede. Ich wußte nicht, daß er unser Treffen so meint. Es ist also ein Abschiedsessen. Mein Ausscheiden aus der Kanzlei ist auch für ihn ein Anlaß, sich von mir zu trennen. Ich bestellte gleich noch einen Kognak. Seine Worte klingen in meinen Ohren. „Ich bin immer da, wenn du etwas brauchst." Oh Gott, wie rührend. Und dazu treffe ich mich mit ihm zum Abendessen! Damit er mir so etwas sagt! Er kommt hier herein, ganz lässig, wahrscheinlich war er gerade Fußballspielen mit seinen Juristenkumpanen und sagt mir, daß er immer für mich da sei, wenn ich etwas brauche. Etwas Blöderes fällt ihm wohl nicht ein. Ich überlege, ob ich wieder gehen soll.

Ich bleibe bei ihm. Wir wissen nicht genau, wohin wir essen gehen sollen und spazieren so durch die Stadt. Wir gehen dann in den Hofkeller. Wir essen und trinken und reden so über dieses und jenes. Plötzlich ist er wieder „meiner" geworden. Er hat wieder den sanften Blick, das weiche Gesicht. Er redet von seiner Kindheit. Er erzählt, daß er gerne mit Puppen gespielt habe. Einmal habe er seine Lieblingspuppe ganz fest in eine Pfütze gehauen. Er habe sie beim Fuß gehalten und habe sie ganz fest und immer wieder und immer wieder in die Pfütze gehauen. Seine Mutter sei dann gekommen und habe gefragt, warum er das mache. Er wußte es nicht. Er erzählt mir das und dann schaut er mich an. Er hat Tränen in den Augen.

Dann erzählt er mir von seinem Hund, den er so geliebt hat. „Am schönsten war es, wenn wir zusammen vor dem Ofen gelegen sind. Ich hab' meinen Kopf auf das Hinterteil von dem Hund gelegt und so haben wir dann zusammen geschlafen. Durch die Wärme ist dann oft der Penis des Hundes ganz groß geworden. Mir hat es gefallen, das mitanzusehen. Meine Mutter hat immer versucht, mich von dem Hund wegzuziehen und hat mir verboten, daß ich mich auf den Hund lege. Ich habe es aber so schön gefunden, und es war mir dabei so wohlig und so weich zumute, daß ich mich immer wieder zu dem Hund auf den Boden gelegt habe. Dann hat meine Mutter den Hund erschießen lassen." Er schweigt eine Weile und schaut vor sich hin auf den Tisch. „Ich hab' das noch niemandem vorher erzählt. Ich hab' dem auch bisher keine Bedeutung beigemessen."

48

Ich fliege in den Süden. Die ersten zwei Tage schlafe ich fast nur. Ich lebe wie ein Tier. Esse, schlafe, esse, schlafe. Dazwischen schwimme ich im Meer. Dann bekomme ich die übliche Touristenkrankheit: Magenkrämpfe und Darmbeschwerden. Zwei Tage lang glaube ich zu krepieren, dann geht es mir besser. Ich sitze am Meer in meinem Liegestuhl und schaue hinaus. Ich liege da und schau' aufs Meer. So vergehen Tage, und ich tu' kaum etwas anderes als aufs Meer zu schauen.

Dann fange ich an zu schreiben. Ich habe mir ein großes Schulheft gekauft und schreibe auf, was sich in den letzten Jahren zugetragen hat. Ich schreibe und schreibe.

Um zwei Uhr früh komme ich in Schwechat an. Ich wollte

bei Nina übernachten. Da steht Schöner. Da steht er wie eine Eins, in seinem beigen Kamelhaarmantel, mitten in der Nacht und wartet auf mich.

Ich habe noch drei Tage frei. Freitag, Samstag und Sonntag. Am Montag muß ich meinen neuen Job antreten. Sonntag abend will ich meine Bücher aus der Kanzlei holen. Ich treffe mich mit Schöner vor der Kanzlei, da ich keinen Schlüssel mehr habe. Er arbeitet dann in seinem Zimmer, und ich packe in meinem Zimmer die Bücher ein. Nach einer Weile kommt er und fragt, ob ich schon fertig sei. Er wirkt plötzlich fahrig. Ich frage ihn, ob er zu mir zum Fernsehen kommt. Er sagt eher widerwillig: ,,Na gut." Wir gehen zu mir in die Wohnung. Ich frage ihn, warum er plötzlich so nervös war. Zuerst antwortet er nicht. Dann sagt er, daß wir uns zuerst eimal hinsetzen sollten. Er lächelt ein bißchen verlegen, merkt dann anscheinend, daß das Lächeln unpassend ist und sagt mit ernstem Gesicht: ,,Ich habe ein Telegramm bekommen. Meine Frau kommt morgen." Ich rühr' mich nicht. Diese Ankündigungen sind ja nichts Neues. Weil ich nicht weiß, was ich sagen soll, sage ich: ,,Wir wollten uns doch den ,Tatort' ansehen." Wir schalten also den Fernsehapparat ein. Ich habe den Eindruck, daß er dem Film folgt. Meine Gedanken schweifen immer wieder ab. Ich sage ihm, daß ich eigentlich doch lieber mit ihm über die Situation reden möchte. Er antwortet schnoddrig: ,,Es gibt nichts zu reden, es ist alles schon gesagt!" Dann grinst er mich an und sagt: ,,Du hast ja schließlich immer schon gewußt, daß ich verheiratet bin." Einen Augenblick lang bin ich sprachlos, dann sage ich: ,,Ich finde es ganz fies von dir, daß du dich so aus der Affäre ziehst." Er steht mit einem Ruck auf, steht kerzengerade vor mir, steckt sich das Hemd ordentlich in die Hose, zieht sich das Sakko an, rückt die Krawatte zurecht, schaut mich an und sagt: ,,Ich möchte jetzt endlich Ruhe haben von dir!" Er knallt meine Wohnungsschlüssel hin, dann ist er weg.

49

Mein erster Arbeitstag in der Kanzlei Bauer. Bauer macht mich mit den Sekretärinnen bekannt. Er sagt: ,,Das ist Monika, das ist Brigitte, das ist Frau Dr. Zara.“ Beide sind sehr jung, höchstens zwanzig. Monika hat lange blonde Haare und sehr stark getuschte, in Büscheln zusammenklebende Wimpern. Wenn sie geht, geht sie auffallend langsam, wiegt sich in den Hüften und schleift dabei immer ein Bein hinter sich her. Brigitte ist dunkel, ein bißchen mollig, hat ein kindliches Gesicht und scheint eine Frohnatur zu sein. Ich frage beide nach ihren Nachnamen und wie sie angeredet werden wollen. Mit dem Vornamen, sagen beide.

Bauer gibt mir einen Stoß Akten. Einer sei besonders wichtig, meint er. Ein Jugendlicher wurde wegen Diebstahls in erster Instanz bereits verurteilt. Bauer wurde zum Pflichtverteidiger für das Rechtsmittelverfahren bestellt. Ich soll nun Berufung und Nichtigkeitsbeschwerde abfassen. Ich frage Bauer, an welchen Nichtigkeitsgrund er gedacht habe. Er sagt: ,,An keinen bestimmten. Ich hab' mir den Akt noch nicht ansehen können. Schauen Sie sich alle Verhandlungsprotokolle genau an. Nehmen Sie sich Zeit! Sie müssen etwas finden! Es muß etwas zu finden sein!“ Dann fügt er hinzu: ,,So ein junger Mensch!“

Dann fährt Bauer weg. Mir gefällt, was er da gesagt hat. Ich weiß, daß sich die Anwälte üblicherweise für Pflichtverteidigung keine Zeit nehmen, weil sie kein Geld dafür bekommen. So einer war offensichtlich auch jener, der den jungen Mann in erster Instanz vertreten hat bzw. vertreten hätte sollen. Bei Durchsicht der Verhandlungsprotokolle und des Urteils stelle ich fest, daß die Sache nur so strotzt vor Verfahrensmängeln. Das Gericht hat im Urteil Feststellungen getroffen, die in den Verhandlungsprotokollen keine Deckung finden und die mit sich selbst in Widerspruch stehen. Der Verteidiger muß während der Verhandlung geschlafen haben. Er hat wichtige Beweisanträge nicht gestellt.

Ich mache mich mit Feuereifer an die Sache. Während der

Bürostunden ist es kaum möglich, konzentriert zu arbeiten, da ständig Leute kommen oder angerufen wird. Ich bleibe also zweimal am Abend bis 10 Uhr und habe dann fast drei Kassetten mit Nichtigkeitsbeschwerde und Berufung vollgesprochen.

Tagsüber ist immer etwas los. Der Hund hat den Briefträger gebissen, der Herr von oben hat zur Hausmeisterin zuerst „du Schlampe" gesagt und sie dann in einen Schneehaufen gestoßen, wobei sie sich die Schulter geprellt hat, der Öllieferant hat das Öl auf die Perserteppiche laufen lassen, und dann gibt es noch die ganz gewöhnliche Nichtbezahlung von Warenlieferungen. Es macht mir Spaß, und ich habe das Gefühl, daß ich mit den Leuten gut reden kann.

Mit Brigitte konnte ich sehr gut arbeiten. Sie war immer freundlich, schien interessiert und bedankte sich immer, wenn ich ihr etwas erklärt hatte. Mit Monika hatte ich Probleme.

Ich frage Monika, ob Berufung und Nichtigkeitsbeschwerde schon geschrieben sind. Sie sitzt auf dem Schreibtisch mit übergeschlagenen Beinen und lackiert sich die Nägel. Sie antwortet: „Nein." Dabei schaut sie mich nicht an, sondern widmet ihre ganze Aufmerksamkeit den Lackierungsarbeiten. Ich sage: „Heute ist der letzte Tag der Frist, es muß heute rausgehen!" Sie sagt nur: „Ich weiß." Mir bleibt die Spucke weg. Ich gehe in mein Zimmer, setze mich an den Schreibtisch und überlege. Ich gehe wieder hinaus. Sie sitzt noch da wie vorher. Ich sage: „Ich muß mir die Sache dann noch einmal genau durchlesen und möglicherweise noch Korrekturen vornehmen. Ich ersuche Sie daher, die Sache jetzt zu schreiben und den Text zu speichern." Sie hat jetzt fertig lackiert und fächelt mit den Händen in der Luft herum. Sie schaut mich unter ihren langen schwarzen Fliegenbeinen an, macht einen Schmollmund und sagt mit einem kleinen Seufzer „Ja."

Am Nachmittag kommt der Direktor der hiesigen Volksbank. Er will mit mir sämtliche anhängige Verfahren durchbesprechen. Ich bitte Monika, mir die betreffenden Akten in mein Zimmer zu legen. Während ich mit dem Klienten spreche, merke ich, daß ein Akt fehlt. Ich will Monika anrufen – die Klappe ist besetzt. Brigitte ist nicht da. Ich gehe hinaus. Monika sitzt auf dem Schreibtisch und telefoniert. Sie redet vom Kinoprogramm. Sie sieht mich, nimmt aber keine Notiz von mir, sondern redet weiter. Ich sage höflich: „Bitte suchen Sie mir den Akt Volksbank – Mitterer heraus." Sie deutet mit dem Kinn zum Aktenschrank. Ich tu', als hätte ich das übersehen und sage: „Bitte den Akt Volksbank – Mitterer." Die Tür zu meinem Zimmer ist offen. Drinnen sitzt der Herr Direktor und hört mich. Monika sagt jetzt: „Können Sie ihn nicht selber holen?!" Ich möchte ihr den Hörer aus der Hand nehmen, ihn auf die Gabe legen und sagen: „Sie holen mir den Akt, haben Sie verstanden!" Es ist mir peinlich vor dem Klienten. Ich weiß nicht, was ich tun soll. Ich bin verunsichert. Ich sage leise aber scharf: „Bitte!" – Sie geht.

Die Eherechtsreform hat sich anscheinend nicht bis hierher durchgesprochen. Ich vertrete einen Lokomotivführer im Scheidungsverfahren. Die Frau arbeitet bei der Post. Er wirft ihr vor, daß sie nicht koche, nicht bügle, nicht putze. Die Frau wendet ein, daß der Mann ihr sämtliche Rechte entzogen habe. Er gehe zu seiner Mutter essen und sogar die Wäsche gebe er zur Mutter. Unter Tränen sagt sie: „Wenn ich nicht ab und zu ein Stück erwischen würde, bevor er es wegschafft, könnt' ich überhaupt nicht mehr waschen für ihn."

Noch ein Scheidungsverfahren. Wieder vertrete ich den Mann. Er wirft seiner Frau vor, daß sie das fünfte Kind hat abtreiben lassen und daß sie ihn nur noch „mit Gummi läßt", wo er doch ohnehin genug Geld habe, um noch fünf Kinder zu ernähren.

Einmal ruft eine Frau an. Sie weint und erzählt, daß ihr Mann sie häufig schlage. Sie erzählt es mir in allen Details. Ich höre geduldig zu. Nach einer Weile frage ich: „Wollen Sie sich scheiden lassen?" „Nein", antwortete sie, „Sie sollen ihm nur schreiben, daß er das nicht darf."

Ich treffe Elisabeth. Sie ist Richter am Bezirksgericht hier in der Stadt. Ihre erste Richterstelle. Ich freue mich, sie zu sehen. Wenn wir verhandeln, sage ich zu ihr „Frau Rat" und sie zu mir „Frau Doktor". Sie spricht sehr leise, sehr ruhig. Sie wollte früher eigentlich Sozialarbeiterin werden, hat sich aber dann für den Richterberuf entschieden, weil man da – wie sie sagte – die nötige Macht habe. Sie hört aufmerksam zu, wenn jemand vor dem Richtertisch steht und aussagt. Dabei nickt sie manchmal leicht. Sie protokolliert dann rasch und genau, stellt ganz präzise Fragen, hört wieder aufmerksam zu. Sie hat den Prozeß fest im Griff. Diese kleine, zarte Person strahlt eine angenehme Art von Autorität aus. Jeder würde sich schämen, sich vor ihr schlecht zu benehmen.

50

Es war ein Seminar angekündigt, bei welchem auch eine Diskussion mit dem Justiz-Minister stattfinden sollte. Es war geplant, über Sexismus-Gesetzgebung, Umweltschutz, Mietenrecht und noch so einiges zu reden.

Ich gehe hin. Zunächst wird das Thema Sexismus-Gesetzgebung angeschnitten. Der Minister weiß nicht, was das ist. Eine Gruppe von Juristinnen aus Wien hat an diesem Thema gearbeitet. Eine von ihnen erklärt es geduldig. Sie führt aus, daß Sexismus-Gesetzgebung gegen die diskriminierende Darstellung der Frau in der Öffentlichkeit, wie etwa in der Werbung, gerichtet ist. Der Minister sagt eine Weile nichts, er denkt wohl nach. Dann sagt er spontan: „Also mich stören die Nackerten auf den Plakaten nicht." Schallendes Gelächter folgt. Auf eine weitere Erörterung dieses Themas wird verzichtet. Statt dessen wird über Vergewaltigung gesprochen und der Vorschlag eingebracht, das Tatbestandsmerkmal „widerstandsunfähig machen" fallen zu lassen. Dies deshalb, weil es bekanntermaßen oft tödliche Folgen hat, wenn bei einer Vergewaltigung Widerstand geleistet wird. Nach dem geltenden Recht ist es aber so, daß eben eine Vergewaltigung nur vorliegt, wenn Widerstand gewaltsam gebrochen wird. Wieder hört der Minister der Rednerin aufmerksam zu, er gibt sich verständig. Als die Frau zu Ende gesprochen hat, meint er: „Ich möchte nur zu bedenken geben, daß die Abgrenzung äußerst schwierig ist, denn, wie ich aus eigener Erfahrung weiß, wehren sich die Frauen zunächst einmal immer."

Ich muß ihn immer anschauen. Ich kann ihn nicht aus den Augen lassen. Seine Mimik, seine Gestik, sein Tonfall. Ich sitze da, wie das Kaninchen vor der Schlange.

Einer meldet sich zu Wort: ,,Sie waren bei einer SS-Einheit." Er stockt. Es ist eine Sekunde lang mucksmäuschenstill im Saal. Dann antwortet der Minister: ,,Ja." Stille. ,,Na und, hat's Ihnen die Red' verschlagen?" Einige lachen. Der Kollege sagt nichts mehr. Ich möchte aufspringen und schreien: ,,Mir auch, mir hat's auch die Red' verschlagen. Kein Wunder, daß es einem die Red' verschlägt, bei so viel Kaltschnäuzigkeit." Er fügt hinzu: ,,Ich hab' mich davon distanziert." Ich möchte ihn anschreien: ,,So einfach ist das! Sie sagen das, Sie haben sich nicht distanziert, Sie sind derselbe, Sie sind ein Faschist, ein Faschist durch und durch, es kommt Ihnen aus allen Poren, ich rieche es und fühle es, es legt sich mir auf die Brust und nimmt mir die Luft zum Atmen." Ich halte die Klappe. Ich habe Herzklopfen, aber ich halte die Klappe.

Dann kommt die Diskussion über das Mietrechtsgesetz. Er redet wie erwartet. – Der Markt kann alles, man müsse ihn nur lassen. Es wird viel geredet, es sind unzählige Wortmeldungen, er quasselt immer wieder vom Markt. Keiner nimmt dazu richtig Stellung. Das macht mich ganz nervös, ich werde ganz kribbelig. Ich habe nicht vorgehabt mitzudiskutieren, da ich in keinem Arbeitskreis drinnen war. Jetzt scheint mir, ich platze gleich. Er wird mich zwar nicht verstehen, er wird nichts hören, aber wenn ich jetzt nicht rede, platze ich. Ich rede ziemlich lang. Ich fange an mit einem Ausspruch des Ökonomen Malthus, wonach der Markt alles regeln würde, weil die Arbeiter je nach Bedarf an Hunger sterben oder sich vermehren würden, und ich ende damit, daß ich aufzeige, daß ein Markt nur bei substituierbaren Gütern funktionieren kann.

Er läßt mich reden. Als ich fertig bin entgegnet er: ,,Sie werden doch zugeben müssen, daß der Markt sehr wohl imstande ist, Angebot und Nachfrage von Wohnungen zu steuern. Es ist doch ganz klar, daß die Nachfrage sinkt, wenn die Preise steigen." Er hat mir nicht zugehört. Ich habe doch genau darüber gesprochen. Ich antworte: ,,Natürlich sinkt die Nachfrage, aber nur die zahlungskräftige Nachfrage. Natürlich, die Nachfrager tauchen in der Statistik nicht auf. Sie werden doch nicht glauben, daß tatsächlich der Bedarf bei steigenden Preisen sinkt?" Die Veranstaltung wird wegen fortgeschrittener Zeit beendet. Wenigstens habe ich das letzte Wort gehabt.

51

Eines Nachmittags ruft mich Schöner im Büro an. Es ist viel zu tun, Klienten warten im Vorzimmer, ich kann nicht lange reden. „Sehen wir uns wieder einmal", fragt er, als sei nichts gewesen. Ich lache laut ins Telefon: „Da weiß ich mir etwas Besseres. Und außerdem habe ich jetzt keine Zeit, mit dir zu reden. Tschüß dann." Er hat angerufen! Er wird wieder anrufen, und ich werde ihm wieder sagen, daß ich keine Zeit habe. Verzehren soll er sich vor Sehnsucht und Gram. Er hat gesagt, daß er Ruhe haben will von mir. Soll er sie haben!

Er rief nicht wieder an. Jedesmal, wenn das Telefon läutete, im Büro oder zu Hause, dachte ich, er könnte es sein. Er war es aber nie.

Ich fühle mich eingekreist. Ich fühle mich bedroht. Wenn ich ein Buch brauche, muß ich in Bauers Zimmer gehen. Dort ist die Bibliothek. Ich kann die Bücher in der untersten Reihe nicht mehr übersehen. Jedesmal, wenn ich mir Bücher hole, fällt mein Blick auf Buchtitel, die ich nicht sehen will. Schwere Lederdinger sind es mit goldener Schrift, und wenn ich das Zimmer betrete, so springen sie mir entgegen und legen sich mir auf die Brust.

Eines Nachts träume ich von der ganzen illustren Gesellschaft. Der Minister, mein Vater, Bauer, Vogelweider. Alle sind sie da. Alle tragen sie Uniform und Stiefel. Ich bin mit Nina zusammen in einem Boot, bei hohem Wellengang, es ist Krieg. Aus ganz niedrig fliegenden Flugzeugen wird auf uns geschossen. Unter uns sind U-Boote, wir sind von allen Seiten bedroht. Unser Boot schaukelt stark, wir liegen flach auf dem Boden, um uns vor den Flugzeugangriffen zu schützen. Nina sagt zu mir: „Du mußt ins Wasser, du mußt ins Wasser:" Ich lasse mich über den Rand des Bootes ins Wasser fallen, tauche unter – und wurde von einem Mann in Uniform wieder herausgezogen. Ich liege auf dem Boden, um mich herum stehen vier uniformierte Männer. Ich sehe nur schwarze Stiefel. SS-Oberscharführer Herr Minister, Obersturmbannführer Bauer, Leutnant der Reserve Vogelweider und mein Vater, Hauptmann der SS. Sie legen mich auf einen Tisch. Plötzlich haben sie alle weiße Mäntel an. Die weißen Mäntel von Ärzten. Sie ziehen an meinen Gliedmaßen, dann machen sie sich daran, mir Arme und Beine abzuschneiden. Ich wache von meinen Schreien auf und finde mich zuerst nicht zurecht. Ich weiß nicht, wo ich bin. Dann sehe ich die Palme in meinem Zimmer, die Tür zur Terrasse. Um die anderen nicht zu wecken, vergrabe ich mein Gesicht ins Kissen und weine.

Bevor ich um halb sieben Uhr früh in den Zug einsteige, kaufe ich mir meist eine Zeitung. Ich döse dann eine Weile vor mich hin, lese und döse wieder. Erst beim Kaffee in der Kanzlei wache ich richtig auf. Diesmal habe ich das Profil gekauft. Ich blättere. Ein FPÖ-Abgeordneter hat gesagt, Mauthausen sei nicht so arg gewesen! Mir schießen die Tränen in die Augen. Ich lege den Kopf zurück. Es ist wie ein Schlag in den Magen. Mauthausen.

Am Vormittag habe ich eine Verhandlung in F. Es würde möglich sein, anschließend an den See zu fahren, um meine Mutter zu sehen. Ich will wissen, was ich von Mauthausen mitbekommen habe.

Zu Hause wurde nie von Mauthausen gesprochen. Ein Cousin hatte einmal erzählt, daß mein Vater in Mauthausen war. Ich wußte damals nicht, was Mauthausen war. Später dann hat mein Vater manchmal von einer köstlichen Speise geschwärmt. „So etwas möchte ich mal wieder essen, ach Marianne, mach' mir doch mal so etwas." Es war in Wasser aufgeweichtes Brot, vermischt mit Marmelade. „Ach, mach' doch mal so etwas!". Meine Mutter sträubte sich und meinte: „Ach Gustav, das kann nicht gut sein. Glaube mir, das schmeckt scheußlich." Aber mein Vater bestand darauf. Also nahm meine Mutter altes Brot, weichte es in Wasser auf, verrührte das Ganze mit Marmelade und stellte es in einem gläsernen Kompottschüsselchen auf den Tisch. Mein Vater aß den braunen Brei. Einen Löffel nach dem anderen. Schließlich meinte er: „Damals hat es mir besser geschmeckt." In der Folge wurde von dem Brei nie wieder gesprochen.

Wir plauderten so dahin. Meine Mutter hatte etwas zu essen gemacht. Ich lenkte dann das Gespräch auf die Zeitungsnotiz und fragte, wie es wirklich gewesen sei. Der Gesichtsausdruck meiner Mutter veränderte sich schlagartig. Ihre Augen waren wie nach innen gewandt, ihre Arme hingen schlaff herunter, die Schultern waren nach vorne geneigt, der Rücken rund, die Hände in ihrem Schoß. Sie sprach monoton und leblos: „Als dein Vater aus dem KZ kam, hat er Tage und Nächte und Tage und Nächte nur davon geredet. Im Wachen und im Schlaf und im Fieber. Ich hab' ihm zugehört und hab' geweint und er hat geweint."

Meine Mutter bewegt sich nicht. Der Blick ist starr geradeaus gerichtet. Ich habe ein schlechtes Gewissen, weil ich das Thema angeschnitten habe. „Er hat sich den Oberschenkel gebrochen", redete meine Mutter weiter, „einer vor ihm auf der Stiege ... dem ist ein Felsbrocken heruntergefallen ... ein anderer, ein tschechischer Arzt, ein Mithäftling, hat ihm das Bein geschient, er wäre sonst erschossen worden. Er hat so viel von ihm gesprochen, von diesem Arzt, der hat es nicht überlebt." Meine Mutter steht auf. Sie holt ein Stück Papier aus ihrem Schreibtisch, „Bestätigung" steht als Überschrift, dann steht „Gustav Hoffmann wurde wegen seiner SS-Mitgliedschaft von seinen Mitgefangenen zunächst mit Mißtrauen und Argwohn betrachtet, er zeigte sich jedoch als besonders hilfreicher und verläßlicher Kamerad, und er verstand es immer wieder, die verzweifelte Stimmung zu heben." Ich lege das Papier weg. Das war er. Nie aufgeben! Meine Mutter redet weiter: „Er hat die Flucht nicht verraten. Den Fluchtplan. Er wußte davon. Er hätte die anderen verraten sollen. Drei Tage haben sie ihn aufgehängt, an den Händen, mit den Händen auf dem Rücken, er hat nichts gesagt." – Das war mein Vater. Ich frage, wann es genau war. „Anfang 1943 ist er herausgekommen. Er hätte nicht mehr an die Front müssen, er hatte ja immer dieses Fieber, aber er wollte unbedingt." Ich muß also kurze Zeit später entstanden sein. Meine Mutter sagt: ,,Er wollte sich unbedingt bewähren, er wollte wieder an die Front, er hat immer noch an den Sieg geglaubt." Jetzt wird die Stimme meiner Mutter lebhafter: ,,Er war dabei, wie Mussolini befreit wurde, es gibt ein Foto von ihm mit dem Skorzeny zusammen." Ich weiß, wie es weiterging. Ende 1946 kam er zurück. Ich stand mit meiner Oma auf dem Balkon. ,,Dort kommt dein Papi" hieß es. Da humpelte ein Mann auf Krücken das Seeufer entlang.

Die Stimme meiner Mutter klingt jetzt wieder wie sonst. Sie ist wieder ganz da. Sie sagt: ,,Ihr könnt euch das nicht vorstellen, wie es damals war. Ihr versteht das nicht. Ihr habt das nicht erlebt ..." Ich stehe auf und sage, daß ich jetzt gehen muß.

Ich setze mich ins Auto und fahre zum nächsten Parkplatz. Dort stelle ich den Motor ab und weine. Die Opfer, das waren immer die anderen. Nicht wir. Immer fühlte ich, daß wir nicht Opfer waren. – Und doch. Ich fühle einen Knoten in meinem Magen, einen nicht entwirrbaren Knoten, ein Gewirr, das sich bei jedem Antippen mehr ineinander verschlingt und sich in meinen Eingeweiden festsetzt. Ein Geschwür, mit dem ich nicht leben kann.

52

An einem Samstag nachmittag rief ich Schöner an. Wie unter Hypnose wählte ich seine Nummer. Er hob gleich ab. Später erzählte er mir, daß er sich hingelegt und im Einschlafen an mich gedacht hatte. Als ich dann anrief, habe er gedacht, daß er träume. ,,Ich habe eine solche Wärme gespürt, als ich deine Stimme hörte. Es war wie ein Traum." Ich sagte nur ,,Hallo", da sprudelte es nur so aus ihm heraus. ,,Können wir uns sehen? Hast du Zeit heute abend? Gehen wir zusammen Essen?" Ich sagte nur: ,,Ja". Er holte mich ab.

Als er kam, erschien er mir blaß und außerdem schlanker. Im Restaurant hatten wir uns viel zu erzählen. Wir sprachen in einem ganz bestimmten respektvollen Abstand. Wir vermieden, über uns zu sprechen. Es war, als hätte jeder von uns beiden Angst, etwas zu zerstören, als hätten wir beide den gleichen Gedanken: „Nur ja kein Porzellan zerschlagen jetzt!" Nur wenn wir uns ansahen, dann war mir, als würden sich unsere Blicke aneinander festhaken. Seine Nähe tat mir gut.

Er brachte mich nach Hause. Ich blieb im Auto sitzen und überlegte. Ich hatte keine Lust zu sagen: „Nett war's, meld' dich mal wieder!" Ich blieb einfach sitzen. Er auch. Ich legte meine Arme um seinen Hals und fragte ihn, ob er mit hinauf kommen will. Er sagte nur: „Ja".

Wir sahen uns wieder regelmäßig, machten unsere langen Spaziergänge, kehrten in Gasthäuser ein, aßen viel, tranken noch mehr, gingen zusammen ins Bett und waren am nächsten morgen unausgeschlafen. Wie eh und je.

53

Es hatte 20 Grad unter Null und ich hatte einen Lokaltermin zu machen. Ein Verkehrsunfall. Eine Wildente war in eine Windschutzscheibe geflogen und die Scheibe war kaputt. Um 2000 Schilling ging es. Der Autofahrer wollte von unserem Klienten die Windschutzscheibe ersetzt haben, weil er die Wildenten immer gefüttert hat. Somit seien sie Haustiere geworden und unser Klient sei Tierhalter. Beim Lokaltermin sollte nun geprüft werden, wie oft und wieviel die Tiere gefüttert wurden, ob eigene Futterplätze vorhanden waren, ob auch ein Stall für die Tiere da war, ob sie täglich kamen und ob es immer wieder dieselben waren. Ich hatte ihm aufgetragen, ja alle zu verscheuchen, bevor der Lokaltermin begann, und es war auch tatsächlich weit und breit keine Wildente zu sehen.

Ich zog Pelzstiefel an, einen Daunenmantel und noch einen Pelzmantel darüber, eine Wollmütze und einen Schal übers Gesicht. Die Verhandlung dauerte drei Stunden. Nach einer

Stunde war mir die Kälte schon bis ins Mark gekrochen. Ich konnte nur mehr mit Mühe den Mund bewegen, konnte kaum noch sprechen.

Dann fuhr ich mit meinem Klienten zurück. Nachdem wir uns einigermaßen erwärmt hatten, fing er ein Gespräch an.

,,Heute arbeite ich nichts mehr", sagte er.

Ich: ,,So, so, aha."

Er: ,,Heute ist nämlich der 9. November."

Ich: ,,Haben Sie heute Geburtstag?"

Jetzt dreht er sich zu mir herüber, schaut mir ins Gesicht und sagt voller Erstaunen: ,,Ja, sind Sie denn nicht eine von uns?"

Ich schweige eine Weile, er schweigt auch. Ich habe das Gefühl, daß es ihm jetzt peinlich ist. Ich weiß nicht, was am 9. November war, trotzdem weiß ich genau, was er meint. ,,Nein", sage ich, ,,ich bin nicht eine von ihnen." Dann schweigen wir wieder.

Ich erkundige mich. Am 9. November 1923 war der Marsch auf die Feldherrnhalle.

54

Ich merkte, daß Bauer mir gegenüber mißtrauisch wurde. Die eingehende Post kam nicht mehr zu mir, sondern wurde ihm in stundenlangen Telefongesprächen von einer der Sekretärinnen vorgelesen. Die Einladung zum Feuerwehrball, die Ankündigung des Veteranentreffens, die Stromrechnung, einfach alles wurde ihm, wenn er vom Parlament aus anrief, vorgelesen. Ich fragte mich warum. Wenn ich die Post durchgegangen wäre, hätte ich ihm in zwei Minuten die wichtigsten Dinge sagen können, der Rest hätte bis zum Wochenende Zeit gehabt. Wenn er da war, was selten geschah, so schaute er mich nicht an, ging mir aus dem Weg und wurde rot, wenn ich ihn ansprach. Wir verkehrten nur noch schriftlich miteinander. In Form von Aktennotizen schrieb ich ihm auf, was er wissen mußte, seinen Kommentar erhielt ich auch nur schriftlich. Einmal bat ich eine Sekretärin, mir einen Taschenrechner zu besorgen, worauf sie mir mitteilte, der Herr Doktor habe ihr gesagt, das lohne sich nicht mehr.

Ich rechnete mir aus, wann die Kündigung erfolgen müßte, wenn er unter Einhaltung der gesetzlichen Kündigungsfrist den nächstmöglichen Kündigungstermin wahrnahm. Als ich an diesem errechneten Tag um 16.45 Uhr noch immer nicht gekündigt war, dachte ich, daß ich eben wieder einmal unter Verfolgungswahn leide. Doch da kommt er schon in mein Zimmer. Er hat einen roten Kopf und sagt, daß er mir etwas Unangenehmes mitzuteilen habe. Er müsse leider auf meine weitere Mitarbeit verzichten. Er sei mit meiner Arbeit sehr zufrieden gewesen, die Sache täte ihm sehr leid und so weiter. ,,Bitte keine Formalitäten, sagen Sie warum", antworte ich. Er wird noch mehr rot. ,,Ich habe mich nun doch entschlossen, eine Kanzleigemeinschaft einzugehen. Sie sehen ja selbst, ich bin so viel abwesend, es geht nicht ..." ,,Gut, gut, ist in Ordnung, macht ja nichts." Irgendwie bin ich froh. Kündigung an meinem Geburtstag, das muß ein gutes Omen sein.

55

Ich wache auf und habe Halsweh, fühle mich schlecht. Ich habe ein wenig Fieber. Ich muß mich bei dem Lokaltermin verkühlt haben. Heute und morgen sollen auch jeweils zwei Lokaltermine stattfinden, das heißt etwa sechs Stunden jeden Tag auf der Straße stehen. Es hat immer noch fast 20 Grad unter Null. – Das halte ich nicht aus, ich hole mir den Tod dabei. Das mache ich nicht. Ich muß mich nach einer Vertretung umsehen, ich muß die Sachen substituieren. Bauer wird in Wien sein, ich muß mich darum kümmern. Also fahre ich in die Kanzlei. Müde, schlaff, mit Schüttelfrost und Halsschmerzen fahre ich hin. Bauer ist doch da. Er steht im Vorzimmer. Ich sage ihm, daß ich eine Grippe habe und daß ich nur hergefahren sei, um die Verhandlungen zu substituieren. Ohne ein Wort zu sagen dreht er sich um und geht in sein Zimmer. Ich versteh' nicht was los ist. Ich gehe dann zu ihm, um ihm zu sagen, daß ich jetzt nach

Hause fahre und mich ins Bett lege. Er steht vor mir. Seine Augen funkeln mich an. „Sie haben kein Pflichtbewußtsein, ich finde das unerhört ... wegen ein bißchen Kälte ... Sie können nicht immer nur das machen, was Ihnen Spaß macht ..., da muß man sich eben zusammenreißen ...

„Ja" sage ich „zusammenreißen, für Führer, Volk und Vaterland." Dann schlage ich die Tür hinter mir zu und fahre nach Hause.

Es tut mir dann leid, daß ich das gesagt habe, es war dumm, unsachlich. Vielleicht hätte ich ihm sagen sollen: „Ich will mich nicht zusammenreißen, nie mehr in meinem Leben will ich mich zusammenreißen. Bemühen will ich mich. Ich will mir Mühe geben. Ich finde es wichtig, daß man sich Mühe gibt. Aber ich will mich nicht zusammenreißen!"

56

Eine Woche später sollte der Meininger-Prozeß stattfinden. In der Sache Meininger hatte ich, als ich noch in der Kanzlei Kant – Vogelweider – Schöner war, auch mitgearbeitet. Als Frau Meininger inhaftiert wurde, war Schöner, der von ihr zum Verteidiger bestellt worden war, einige Tage abwesend. Ich besuchte Frau Meininger fast täglich in der Untersuchungshaft und nahm den ganzen Sachverhalt auf. Das war ziemlich mühsam, weil Frau Meininger meist weinte und die Ereignisse kaum zusammenhängend schildern konnte. Sie war beschuldigt, an einem Raubüberfall teilgenommen zu haben, zusammen mit ihrem Untermieter. Frau Meininger war Zeichenlehrerin und bisher unbescholten. Sie betätigte sich ehrenamtlich als Bewährungshelferin, betreute Rauschgiftsüchtige und andere Straffällige. Ihr Untermieter, Zauner, hatte die Tat vor der Polizei gestanden.

Schöner meinte, der Trumpf der Verteidigung sei die Tatsache, daß Frau Meininger wieder im Dienst ist. Sie habe das mir zu verdanken, weil ich damals erfolgreich gegen ihre Suspendierung vom Dienst berufen habe. Meine Berufung sei ein Meisterwerk gewesen. Die Geschworenen würden denken, daß sie so arg nicht sein könne, wenn sie als Lehrerin arbeitet. Er werde es in der Verteidigung ausschlachten, daß sowohl die Schulleitung als auch die Eltern ihr so viel Vertrauen entgegenbringen und sie weiterhin als Lehrerin akzeptieren. Ich hörte ihm zu und fragte mich, warum er mir das nicht schon früher gesagt hat. Früher hätte ich es gebraucht wie einen Bissen Brot, daß mir jemand ein bißchen Anerkennung für meine Arbeit entgegenbringt. Ich hatte ein ganzes Wochenende lang an dieser Berufung gearbeitet. Die Suspendierung vom Dienst ist im Gesetz vorgesehen, sobald der Verdacht einer strafbaren Handlung vorliegt. Der Verdacht allein genügt schon. Ich mußte mir etwas einfallen lassen. Daß die Berufung erfolgreich war und die Suspendierung vom Dienst aufgehoben wurde, hat man mir nicht einmal mitgeteilt. Keiner meiner Chefs hat es der Mühe wert gefunden, mir das zu sagen. Durch Zufall erfuhr ich es von einer Sekretärin. Als ich Schöner darauf ansprach, sagte er: „Das ist doch nicht wegen Ihrer Berufung. Wahrscheinlich ist uns jemand vom Ministerium gut gesinnt." Ich hätte ihn fragen können, warum er das damals gesagt hat. Aber es war mir nicht mehr wichtig. Es war Schnee vom vergangenen Jahr.

Für die Hauptverhandlung nehme ich mir frei. Ich nütze die Gelegenheit, um mich bei der Rechtsanwaltskammer nach einer Stelle zu erkundigen. Man nennt mir ein paar Adressen, ich rufe an, doch die Stellen sind schon besetzt. Ich gebe ein Inserat im Anwaltsblatt auf. Das wird in etwa drei Wochen erscheinen, eine Woche habe ich noch bei Bauer zu arbeiten, also werde ich zwei Wochen Urlaub machen können. Das freut mich. Ich bin zuversichtlich. Inzwischen habe ich mehr Praxis. Ich werde eine Stelle bekommen.

Auf Zehenspitzen gehe ich in den großen Schwurgerichtssaal und setze mich auf eine der Holzbänke. Die riesigen Wandfresken auf den hohen Deckengewölben, die schweren Lüster, die mit Marmor getäfelten Wände, die großen Holzbänke, das alles läßt den Schwurgerichtssaal eher wie eine Kirche erscheinen – unheimlich, einschüchternd, mystisch. Am vorderen Teil des Deckengewölbes steht riesengroß die Justitia. Und davor – das

Jüngste Gericht! Da steht der schwere Richtertisch, an dem – alle im schwarzen Talar – der Dreiersenat sitzt: Sumereder, Gebetsroither und Rieß. Mir fällt der Tag ein, an dem ich zum ersten Mal in diesem Saal war. Es war der erste Tag meiner Gerichtspraxis. Das ist schon zweieinhalb Jahre her. Rieß, als Vizepräsident, hat alle, die wir mit der Gerichtspraxis anfingen, angelobt. Er blätterte die Papiere von jedem einzelnen durch, richtete an jeden ein paar väterliche Worte. Er sah meinen Mädchennamen in einem Dokument und sagte zu mir: „Den Herrn Papa habe ich sehr gut gekannt, er war in derselben Verbindung wie ich." Ich schämte mich.

Ich erinnere mich an ein Gespräch mit dem „Herrn Papa". Es war nach meiner ersten Staatsprüfung. Ich saß bei meiner Mutter und trank mit ihr Kaffee. Mein Vater kam dazu. Meine Mutter sagte zu ihm: „Was sagst du, Katharina hat die Staatsprüfung mit Auszeichnung gemacht!" Er war einen Moment lang stumm. Dann antwortete er: „Du mußt mit dem Professor geschlafen haben."

Ich hätte mich gerne etwas umgesehen im Saal, ich weiß aber nicht, ob sich das gehört. Es ist wie in der Kirche, da schaut man auch nicht, wer noch da ist. Verstohlen schaue ich doch nach hinten. Da sitzen sie alle. Die ganze Unterwelt ist vertreten.

Der Zauner steht vorne und wird vernommen. Ich sehe ihn nur von hinten. Als er den Kopf zur Seite dreht, erkenne ich ihn. Ich hatte ihn, als ich noch Rechtspraktikantin war, einmal zu einem Einbruchsdiebstahl vernommen. Sumereder hat mich „hinunter" geschickt, um einen Untersuchungshäftling zu fragen, wo der Plattenspieler hingekommen sei. Ich sagte ihm, daß ich mir den Akt erst ansehen müsse, worauf Sumereder entgegnete, daß dies nicht nötig sei, da ich ihm nur diese eine Frage stellen müsse. Also ging ich „hinunter" und ließ mir den Herrn „vorführen". Ich fragte ihn, was mit dem Plattenspieler geschehen sei. Er saß mir genau gegenüber. Er war blaß, hatte eingefallene Wangen und große dunkle Augen. Ich wunderte mich darüber, daß so einer in einen kleinen Einbruchsdiebstahl verwickelt ist. Er sagte: „Das dürfen Sie mich gar nicht fragen."

„Warum nicht?" – „Weil ich den Einbruchsdiebstahl gar nicht gestanden habe. Es ist eine Fangfrage und Fangfragen sind verboten." Ich wurde rot, entschuldigte mich und sagte, daß es mir der Richter so aufgetragen habe und daß ich den Akt nicht kenne. Dabei kam ich mir ziemlich blöd vor.

Zauner schilderte den Tathergang bis ins kleinste Detail und gestand alles. Er hatte sich verkleidet, sich eine Perücke aufgesetzt, sich als Frau geschminkt, ist in das Antiquitätengeschäft gegangen, hat dem Verkäufer ein Gewehr vorgehalten und ihn in einen Schrank gesperrt. Dann hat er den Schmuck im Wert von einer Million Schilling in die Tasche gesteckt und war weg. Er ist nach Hause gefahren und hat die Tasche mit dem Schmuck in der Wohnung der Frau Meininger versteckt. Sie hatte einen untadeligen Ruf, dort würde die Beute sicher sein. Ich schaute mir die Geschworenen an. Da haben sie wieder die ärgsten Spießer ausgesucht. Die Männer waren fast alle im Steirer-Anzug, die Frauen im Trachtenkostüm. Von denen war nichts Gutes zu erwarten. Dann schaute ich nach gegenüber, zur Sachverständigenbank. Da saß der Schwetzer, der Psychologe, seine Gutachten waren mir bekannt. Neben ihm saßen noch zwei Sachverständige, einer für Schußwaffen, einer für Schmuck. Etwas tiefer war die Bank der Verteidiger. Ganz links saß Schöner. In seinem Talar sah er recht eindrucksvoll aus; ich hatte ihn noch nie so gesehen. Neben ihm saß Moser, Zauners Pflichtverteidiger. Weiter hinten saß der Staatsanwalt. Nach Zauner wurde Frau Meininger befragt. Sie war großartig. Sie fegte über Fangfragen hinweg. Der Vorsitzende fragte sie, wann sie erfahren habe, daß Zauner vorhabe, einen Einbruch zu verüben. Sie sagte, daß sie es nie erfahren habe, daß sie es nie gewußt habe. Schöner erhob auch gegen diese Fangfrage keinen Einspruch, anscheinend wußte er, daß sie nicht zu fangen war. Sie sagte immer wieder: „Ich hab' nichts gewußt, ich hab' nichts gewußt." Auf die immer wiederkehrenden Vorhaltungen der Richter, daß sie doch ihre Schminke zur Verfügung gestellt habe und ihre Kleider und weiß Gott was noch alles, antwortete sie jedesmal, sie sei der Meinung gewesen, es handle sich um ein Faschingsfest. Dann kam der Psychologe dran. Zauner billigte er einen ungewöhnlichen Intelligenzquotienten zu, nämlich 120 und zog daraus den Schluß, daß Zauner die Möglichkeit gehabt hätte, sich das Geld auf ehrenwerte Weise zu verdienen, daß er daher um so verwerflicher gehandelt habe, wo er doch von der Natur ohnehin „so reich gesegnet“ sei. Dann erklärte er, daß Zauners Intelligenz relativ höher sei als seine Bildung und daß man das als Bildungsdefizit bezeichne. Hinsichtlich Frau Meininger meinte er, sei eine Untersuchung nicht möglich gewesen, da sie am ganzen Leib gezittert habe und nicht ansprechbar gewesen sei. Die Verhandlung dauert den ganzen Tag. Zauner wurde oft verhört, doch keiner hat ihn gefragt, warum er das getan hat.

Dann kommen die Schlußplädoyers. Was Zauners Verteidiger von sich gibt ist dürftig, kümmerlich und nichtssagend. Das Plädoyer von Schöner kannte ich schon ziemlich gut und wieder hat es mir nicht gefallen. Für mich klang es zu tönern, hohl und ohne echte Anteilnahme. Da stand nicht ein Mensch, der für einen Menschen spricht, sondern da stand der Jurist. Dr. Schöner, der ein wohlformuliertes, wohlaufgesetztes und durchdachtes Plädoyer in gekonnter Rhetorik hielt – tadellos! Ein bißchen mehr Stottern, ein bißchen mehr Suchen nach Worten, ein bißchen mehr Verzweiflung über die Ungeheuerlichkeit der Anschuldigungen hätte mir besser gefallen. Ehrliche Betroffenheit hat mir gefehlt. Die Geschworenen hörten gespannt zu. Im Saal war es mucksmäuschenstill. Geht es nur mir so? Finde nur ich es tönern und hohl? „Meine Mandantin“ sagte er immer wieder. Das kam mir geschwollen vor. Als er zu Ende gesprochen hatte und sich das Gericht und die Geschworenen zur Beratung zurückzogen, kamen viele Leute auf Schöner zu und beglückwünschten ihn zu seinem Plädoyer. Frau Meininger saß wie ein Häufchen Elend auf der Anklagebank, und niemand kümmerte sich um sie. Sie saß in sich zusammengesunken, ein Wrack. Es war, als würde sie um sich herum nichts mehr wahrnehmen. Als ich vorbeigehe, sagt sie: „Frau Doktor, kann ich mit Ihnen gehen?“ Wir gehen zusammen in die Cafeteria. Sie sagt: „Was glauben Sie ... Was glauben Sie, Frau Doktor ... Was werden die Geschworenen sagen?“ Ich weiß nicht, was ich ihr sagen soll. Es kann so oder so ausgehen. Im Falle der Verurteilung hat sie ein paar Jahre Knast zu erwarten. Dann ist für sie alles aus. Ihre Laufbahn als Lehrerin, einfach alles. Ihr ganzes Leben ist kaputt. Das weiß sie auch.

Wir setzen uns an den großen Tisch, weil nur noch der frei ist. Ich bestelle für sie Tee und für mich Kaffee. Sie hat in den letzten Monaten zu rauchen angefangen. Sie zündet sich eine Zigarette an. Ihre abgemagerten Hände zittern stark. Sie zittert am ganzen Leib. Immer noch starr vor sich hin schauend, sagt sie: ,,Die werden mich doch nicht verurteilen, Frau Doktor, was glauben Sie? ... Frau Doktor, wenn die mich verurteilen, ich weiß nicht, was ich tun soll, es ist dann alles aus ... Frau Doktor, ich hab's nicht gewußt, Sie wissen doch, Frau Doktor, ich hab's nicht gewußt ... Die werden mir das doch glauben, Frau Doktor, die werden mir das doch glauben, daß ich es nicht gewußt habe.“ Ich sage, daß ich nicht glaube, daß man sie verurteilt, aber daß wir jetzt nur abwarten können. Ich weiß nicht, wie ich sie trösten soll.

Nach einiger Zeit setzen sich betrunkene Gerichtsbeamte zu uns an den Tisch. Es ist ja inzwischen acht Uhr abends. Einer aus der Rechtshilfeabteilung, ein Rechtspfleger vom Exekutionsgericht und der Chauffeur des Gerichtspräsidenten. In seinem Suff sagt einer, daß er mich schon immer gerne hätte kennenlernen wollen, daß ich so fein tue, fast wie die Doktoren, und daß er sich bisher nicht getraut hätte, mich anzusprechen. Frau Meininger sitzt teilnahmslos da und zittert immer mehr. Die drei Männer werden immer aufdringlicher und wollen uns einladen, mit ihnen zu trinken. Sie haben anscheinend nicht mitbekommen, daß hier im Schwurgerichtssaal ein Strafprozeß stattfindet. Frau Meininger sagt: ,,Mir wird schlecht, ich möchte hinausgehen.“ Vor dem Gebäude gehen wir auf und ab. Sie hängt völlig an meinem Arm, sie hat höchstens vierzig Kilo. Noch immer zittert sie am ganzen Leib, ich lege ihr meinen Pelzmantel um. Mir ist, als würde sie immer weniger werden. Ihr wird kalt und wir gehen zurück ins Gebäude. In einem langen, dunklen Korridor legt sie sich auf eine Bank. Sie zittert jetzt noch mehr. Ich decke sie mit meinem Mantel zu und weiß nicht, was ich noch machen soll. Soll ich einen Arzt rufen? Ich fange ein Gespräch mit ihr an, von dem ich hoffe, daß es sie ablenkt. Ich spreche mit ihr über ihre Betätigung als Bewährungshelferin. Sie fängt an zu reden und erzählt von den Fällen, die sie betreut hat. Zwei von ihnen seien an einer Überdosis gestorben. Sie setzt sich auf und wirkt schon gefaßter. Sie zeigt mir einen Ring, den sie von einem ihrer Schützlinge bekommen hat, kurz bevor er starb. Ihre Stimme klingt emotionslos, gleichgültig und resignativ, so als hätte sie sich schon aufgegeben.

Endlich werden wir geholt. Mühsam gehen wir eine Stufe nach der anderen zum Saal hinauf. Sie hängt an meinem Arm und muß immer wieder stehen bleiben. Ich habe ihr meinen schweren Mantel abgenommen. Als wir oben angekommen sind, sagt Schöner, daß es doch noch zehn Minuten dauern wird. Wir setzen uns also auf die Bank vor dem Schwurgerichtssaal. Frau Meiningers Freund, Thaler, kommt und setzt sich neben sie.

Schöner bedeutet mir, zu ihm zu kommen. Er steht etwas abseits und hat einen Zettel in der Hand. Wir drehen uns um, damit uns niemand beobachten konnte, und er zeigt mir den Zettel. Da steht: „7 : 1". Ich frage: „Sieben unschuldig und einer schuldig?" – „Ja." „Du mußt das sofort Frau Meininger mitteilen", sage ich, „sie ist kurz vor einem Zusammenbruch." Doch er will es ihr noch nicht sagen, will abwarten, bis es offiziell verkündet wird. „Wegen des Knalleffekts?" frage ich. „Ja", meint er, „wegen des Knalleffekts." Ich halte es für den falschen Zeitpunkt, jetzt mit ihm darüber zu diskutieren und drehe mich um. Als Schöner gerade nicht herschaut, beuge ich mich zu Frau Meininger hinunter und sage: „Das Ergebnis ist schon bekannt, es wird ein Freispruch." Sie ändert ihre Haltung nicht. Die Augen fallen ihr zu, und sie zittert nicht mehr. Sie würde von der Bank herunterrutschen, wenn Thaler sie in dem Moment nicht festhielte.

Ein paar Minuten später wird die Verhandlung zur Urteilsverkündung fortgesetzt. Frau Meininger wirkt wie bewußtlos. Zauner wirkt wach, aber nicht aufgeregt, er ist gefaßt. Die Geschworenen verkünden das Urteil. Freispruch für Frau Meininger. Zauner wird zu sieben Jahren Freiheitsentzug verurteilt ohne Bewährung. Nach der Urteilsverkündung muß er aufstehen. Er schwankt. Der Wachbeamte neben ihm hält ihn fest. Es sieht aus, als würde Zauner ohnmächtig werden, er ist kreideweiß im Gesicht. Der Vorsitzende sagt: ,,Angeklagter, wiederholen Sie!" Es kommt mir wie eine Verhöhnung vor. Zauner antwortet nicht. Der Vorsitzende sagt wieder: ,,Angeklagter, haben Sie das Urteil verstanden, Angeklagter, wiederholen Sie!" Jetzt sagt Zauner mühsam: ,,Sieben Jahre." Ich gehe zu Frau Meininger, drücke ihr die Hand, aber sie bekommt nichts mehr mit. Thaler nimmt sie am Arm und führt sie weg. Schöner wirkt erschöpft und zufrieden. Es ist spät, Schöner will mit mir essen gehen. Ich sage ihm, daß ich allein sein will. Der Verteidiger Dr. Schöner ist mir fremd.

57

Mein letzter Arbeitstag. Ich war froh, daß ich gehen konnte. Andererseits war mir auch schwer ums Herz. Ich hatte keine neue Arbeit und wußte nicht, wie es weitergehen sollte. Ich packte meine Bücher ins Auto, verabschiedete mich von den Sekretärinnen und von Bauer und fuhr ab. Eine Fahrt ins Ungewisse. Keine Arbeit. Auf das Inserat im Rechtsanwaltsblatt hatte sich bisher niemand gemeldet.

Ich bin arbeitslos. Zum ersten Mal in meinem Leben bin ich arbeitslos. Endlich kann ich tun, was ich mir immer schon gewünscht habe. Ich gehe in Buchhandlungen, schmökere dort stundenlang, bummle durch die Stadt, gehe ins Kaffeehaus, lese Zeitungen, besuche Bekannte und sitze dort den ganzen Nachmittag und quatsche. Wenn ich jemanden treffe, so plaudere ich, solange ich will und habe überhaupt zum ersten Mal seit Jahren wieder Zeit. Ich genieße es.

Auf das nächste Inserat wird sich ganz bestimmt jemand melden. Das Anwaltsblatt erscheint jeweils am fünfzehnten des Monats und bis dahin habe ich noch zwei Wochen Zeit. Ich werde die Zeit nützen. Im nächsten Monat werde ich bestimmt wieder arbeiten.

Ab dem fünfzehnten bleibe ich den ganzen Tag zu Hause. Es wird jemand anrufen. Es ruft aber niemand an. Es ruft am fünfzehnten niemand an und es ruft am sechszehnten niemand an und ruft am siebzehnten niemand an. Ich werde nervös. Die Tage vergehen und kein einziger hat angerufen. Ich gehe zur Rechtsanwaltskammer und sehe nach, ob mein Inserat tatsächlich erschienen ist. Es ist erschienen. Gleich an erster Stelle steht ganz groß mein Name, Adresse und Telefonnummer. Hinter mir noch viele andere.

Ich kann meine Freizeit nicht mehr genießen. Es macht mir keinen Spaß mehr, in Buchhandlungen zu gehen, ich will keine Bekannten mehr besuchen, ich will nicht ins Kaffeehaus gehen, ich will Arbeit haben. Ich bin Juristin, ich habe das studiert, das ist mein Beruf, ich will arbeiten. Ich will in meinem Beruf arbeiten. Ich gehe wieder aufs Arbeitsamt – nichts.

Schöner ruft auch nicht an. Ich halte das Warten nicht mehr aus. „Am Hoffen und Harren erkennt man den Narren!" Ich rufe ihn an. Eine Frauenstimme meldet sich. Ich sage meinen Namen und verlange Herrn Dr. Schöner. Sie sagt sehr höflich: „Ja sofort!" Er kommt ans Telefon und ich frage ihn, warum er mich nicht anrufe. Er kann offensichtlich nicht ungestört reden und sagt: „Ich werde auf die Angelegenheit noch einmal zurückkommen und werde Sie kontaktieren." Ich antworte: „Ich bitte sehr darum" und lege auf.

Er kommt und er ist wieder der andere. Er sagt dann, daß er auch nicht weiß, warum er nicht angerufen hat und daß es halt so ist, er kann jetzt auch nichts mehr machen und im übrigen muß er jetzt gehen. Er geht.

Ich mache mich noch intensiver an die Arbeitssuche, ich rufe täglich bei allen Rechtsanwaltskammern Österreichs an. Es werden mir Adressen genannt. Wenn ich mich dann bewerbe, heißt es: „Wir haben uns noch nicht entschieden, Sie hören von uns." Wenn ich mich wieder melde: „Es tut uns leid, die Stelle ist schon besetzt."

Es ist wie verhext. Ich fühle mich wie aussätzig. Wenn ich

aufwache, ist mein erster Gedanke: Ich habe keine Arbeit und der zweite Gedanke ist: Vielleicht kommt heute ein Brief, vielleicht kommt heute ein Anruf. Dieser eine Satz: „Ich habe keine Arbeit“ steht in meinem Kopf, dieser eine Satz füllt mich aus, dieser Satz ist immer da, begleitet mich auf Schritt und Tritt. Dieser eine Satz bestimmt meinen Tagesablauf. Noch bekomme ich die Arbeitslosenunterstützung, darum geht es nicht. Es ist etwas anderes. Es ist das Gefühl, ausgebootet zu sein, überflüssig zu sein, nicht gebraucht zu werden. Es geht auch ohne mich. Alle arbeiten, und mich braucht man nicht. Ich beginne, die anderen zu beneiden, die arbeiten. Wenn ich durch die Stadt gehe und Kollegen sehe, wie sie mit ihren Aktentaschen durch die Straßen eilen, so beneide ich sie. Warum haben die Arbeit und ich nicht? Am Abend hänge ich in Lokalen herum und trinke ziemlich viel.

Ich geh' in die Turnstunde. Seit ich arbeitslos bin, turne ich wenigstens regelmäßig. Da treffe ich Norbert. Er ist Rechtsanwalt. Ich kenne ihn seit meiner Kindheit. Wir waren zusammen in der Volksschule.

„Über dich hört man ja schöne Sachen“, sagt er und lacht.

„So, was denn?“ frage ich.

„Dr. Bauer mußte seine Konzipientin kündigen, weil er erfahren hat, daß sie eine Terroristin ist.“ Er biegt sich vor Lachen.

„Wer sagt das?“

„Ich weiß nicht, wer es war. Ich habe ein Gespräch belauscht im Buffet. Es waren zwei Anwälte, ich kannte sie nicht.“ Wieder bricht er in lautes Gewieher aus.

„Ich finde das nicht zum Lachen“, sage ich scharf.

Er hört auf zu lachen. „Na ja“, sagt er, „wundern brauchst du dich nicht.“ Er macht eine Pause. Dann sagt er: „So wie du dich verhältst, wie du redest.“

„Wie verhalte ich mich denn? – Wie rede ich denn?“

„Es gibt doch kaum eine Demonstration oder so etwas, wo du nicht dabei bist.“

„Was hat das mit Terror zu tun?“

„Aber stell' dich nicht so, du weißt schon ... ich meine überhaupt und so ...“

Ich sage „Servus" und gehe. Ich geh' vor mich hin. Ich seh' nichts und hör' nichts, ich geh' einfach vor mich hin. Ein Wunder, daß ich nicht in ein Auto gerannt bin.

Ich will Schöner sehen. Ich rufe ihn im Büro an. Wir vereinbaren, daß er am Abend kommt.

Er steht in der Tür und lächelt freundlich. Er umarmt mich flüchtig und sagt: „Es tut mir leid, daß ich dir keine guten Nachrichten bringen kann." Ich frag ihn, was er trinken will und bitte ihn, Platz zu nehmen. Er fängt an: „Ich bin heute lange spazieren gegangen und habe nachgedacht. Es ist das Beste, wir machen Schluß. Das, was du meine heile Welt nennst, ist mir zu wichtig. Ich hänge zu sehr daran. Wenn ich mit dir zusammen wäre, dann müßte ich vieles aufgeben." – „Was müßtest du aufgeben?" – „Ich hab' mir das genau überlegt. Da sind erstens meine Freunde. Ich weiß schon, was du sagst, was sind denn das für Freunde, mit denen man sich nicht einmal aussprechen kann. Vielleicht ist es so für dich. Für mich sind sie wichtig. Ich genieße in meinem Freundeskreis eine gewisse Wertschätzung, diese Wertschätzung genieße ich zum Teil auch wegen meiner Frau. Meine Frau ist sehr geschätzt in meinem Freundeskreis. Sie ist erfolgreich, sie verkehrt mit Staatsoberhäuptern, meine Freunde wären entsetzt, wenn ich mich von dieser Frau trennen würde. Sie würden mir das nie verzeihen. Sie würden nicht mehr mit mir verkehren wollen." Er schweigt. Ich sage: „Gut, deine Freunde, was noch?" Er spricht weiter: „Meine sportlichen Aktivitäten müßte ich einschränken." – „Warum?" – „Ich brauche mir doch nur vorzustellen, was meine Freunde sagen würden, wenn du auf den Tennisplatz kommst." – „Ich spiele nicht Tennis. Was noch?" – „Auch meine Eltern, ich gebe zu, auch meine Eltern. Ich könnte das meinen Eltern nicht antun. Und, was das Wichtigste ist, Kant und Vogelweider. Kant! Wenn Kant erfährt, daß ich mit dir zusammen bin, dann ist alles aus. Du bist ein rotes Tuch für ihn." Er schweigt eine Weile und sagt dann: „Ich weiß, daß du es nicht verstehst. Du tust, was du willst. Du nimmst auf nichts Rücksicht, wenn du deine Meinung sagen willst. In meinen Kreisen ist das unüblich. Man würde dich nicht akzeptieren, man würde dich ablehnen und zugleich auch mich. Jetzt muß ich dir noch etwas sagen. In zehn Jahren bist du fast fünfzig Jahre alt." Ich verstehe ihn nicht. „Was meinst du? Na und?" Er sieht mir voll ins Gesicht und sagt: „Ich werde dann erst fünfundvierzig sein." Ich verstehe ihn immer noch nicht. „Na und?" Er sagt in scharfem Ton: „Na, der Mann muß eben älter sein als die Frau!"

Es ist Ruhe. Und die Ruhe tut mir gut. Nach einer Weile sage ich zu ihm: „Es ist gut, du kannst jetzt gehen."

Anzeigen